MP3 다운로드 방법

컴퓨터에서

- 네이버 블로그 주소란에 **www.lancom.co.kr** 입력 또는 네이버 블로그 검색창에 **랭컴**을 입력하신 후 다운로드

- **www.webhard.co.kr**에서 직접 다운로드

아이디 : **lancombook**

패스워드 : **lancombook**

▶ mp3 다운로드

www.lancom.co.kr에 접속하여 **mp3**파일을 무료로 다운로드합니다.

▶ 우리말과 원어민의 1 : 1 녹음

책 없이도 공부할 수 있도록 일본인 남녀가 자연스런 속도로 번갈아가며 일본어 문장을 녹음하였습니다. 우리말 한 문장마다 일본인 남녀 성우가 각각 1번씩 읽어주기 때문에 보다 더 정확한 발음을 익힐 수 있습니다.

▶ mp3 반복 청취

교재를 공부한 후에 녹음을 반복해서 청취하셔도 좋고, 일본인의 녹음을 먼저 듣고 잘 이해할 수 없는 부분은 교재로 확인해보는 방법으로 공부하셔도 좋습니다. 어떤 방법이든 자신에게 잘 맞는다고 생각되는 방법으로 꼼꼼하게 공부하십시오. 보다 자신 있게 영어를 할 수 있게 될 것입니다.

▶ 정확한 발음 익히기

발음을 공부할 때는 반드시 함께 제공되는 mp3 파일을 이용하시기 바랍니다. 언어를 배울 때 듣는 것이 중요하다는 것은 두말할 필요가 없습니다. 오랫동안 자주 반복해서 듣는 연습을 하다보면 어느 순간 갑자기 말문이 열리게 되는 것을 경험할 수 있을 것입니다. 의사소통을 잘 하기 위해서는 말을 잘하는 것도 중요하지만 상대가 말하는 것을 정확하게 듣는 것이 더 중요하다고 합니다. 활용도가 높은 기본적인 표현을 가능한 한 많이 암기할 것과, 동시에 일본인이 읽어주는 문장을 지속적으로 꾸준히 듣는 연습을 병행하시기를 권해드립니다. 듣는 연습을 할 때는 실제로 소리를 내어 따라서 말해보는 것이 더욱 효과적입니다.

포켓북

왕초보 일본어 첫걸음

포켓북
왕초보 일본어 첫걸음

2018년 10월 05일 초판 1쇄 인쇄
2023년 11월 15일 초판 9쇄 발행

지은이 박해리
발행인 손건
편집기획 김상배, 장수경
마케팅 이언영
디자인 이성세
제작 최승용
인쇄 선경프린테크

발행처 ***Lan****Com* 랭컴
주소 서울시 영등포구 영신로34길 19
등록번호 제 312-2006-00060호
전화 02) 2636-0895
팩스 02) 2636-0896
홈페이지 www.lancom.co.kr

ISBN 979-11-89204-13-6 13730

내손에 펼쳐진 **포켓북**

왕초보 일본어 첫걸음

박해리 지음

LanCom
Language & Communication

들어가며

이 책을 만들면서...

일본어는 우리말과 같은 계통의 언어로서 문법 구조가 비슷하고, 어휘 측면에서는 한자를 쓰기 때문에 다른 계통의 언어에 비해 배우기가 쉽다고 할 수 있습니다. 그러나 우리에게 비교적 배우기 쉬운 언어라고 하더라도 외국어인 이상 어려움은 정도의 차이일 뿐 마찬가지이고, 특히 초보자에게 있어서는 학습 방법의 차이에 따라 영어보다 오히려 더 어려울 수도 있습니다. 이처럼 일본어를 배우기 시작한 지 얼마 안 되어 중도에 포기하는 학습자가 많은 이유는 비능률적인 학습 방법뿐만 아니라 교재 선택의 잘못에서 기인한 경우가 많다고 할 수 있습니다.

또한 암기식 공부 방법에는 단점도 있지만 외국어 공부에서 암기와 반복 훈련은 누구도 부정할 수 없는 필수 과정입니다. 누가 더 일본어를 잘하느냐는 누가 그 상황에 적절한 표현을 더 많이 외웠느냐하는 문제와 직결됩니다.

따라서 필자는 일선 강단에서의 활동과 일본어 교재 연구의 풍부한 경험을 바탕으로, 일본어 공부를 처음 시작하거나 사정에 의해 중단하였다가 다시 시작하려는 분들을 위해 학원에 가지 않고도 혼자서 온전하게 독학이 가능하도록 초급 수준에서 익혀야 할 어법을 마스터하는 데 최대한 중점을 두었습니다.

2018년 10월

저자가

이 책의 구성 및 특징

1. 초보자가 알아야 할 기본적인 문법만 익힙니다

이 책은 일본어를 처음 배우거나, 배우다가 중도에 포기하신 학습자를 위한 신개념 왕초보 첫걸음 책입니다. 일본어 초급자가 반드시 알아야 할 기초문법에 근거하여 활용어(동사, 형용사, 형용동사 등)를 중심으로 차근차근 학습할 수 있도록 단계별로 구성하였습니다. 따라서 이 책은 일본어 문장을 이해하고 만드는 데 꼭 필요한 기본적인 어법 활용을 아주 쉬운 예문으로 정리해 두었습니다.

2. 간단한 문법 설명과 문장을 문형화하여 체계적으로 기억합니다

기본 문장에 들어가기 전에 문법 설명을 두어 먼저 문장을 이해하는 데 도움이 되도록 하였습니다. 또한 일본어 어법활용을 문형으로 공식화하여 긍정문과 부정문, 의문문 등 변형된 문장의 형식들을 쉽게 이해할 수 있습니다.

3. 원어민 발음을 통해 정확한 발음을 익힙니다

일본어 발음은 음절 수가 별로 많지 않기 때문에 비교적 다른 외국어에 비해 쉽다고 할 수 있습니다. 하지만 정확한 발음은 원어민의 녹음을 반복해서 듣는 것이 제일입니다. 이 책에서는 한글로 발음을 표기해두었으나, 어디까지나 이것은 독자의 이해를 돕기 위한 것이므로 전적으로 이것에만 의존해서는 안 됩니다.

4. 포켓북, 들고 다니면서 공부할 수 있습니다.

이 이 책은 포켓북이므로 들고 다니면서 읽기와 듣기를 공부하기에 편합니다. 그리고 써보는 것도 중요하므로 가능하면 별도의 쓰기노트를 마련하여 쓰기연습을 하면서 입체적으로 일본어 공부를 완성하십시오.

PART 01 단정과 존재의 표현

PART 02 형용사와 형용동사

PART 03 동사의 종류와 활용

PART 04 접속표현과 과거형

PART 06 부정표현과 요구표현

히라가나

일본어 문자 표기에는 히라가나, 카타카나, 한자, 이 세 가지를 병용해서 사용합니다. 히라가나는 인쇄나 필기 등의 모든 표기에 쓰이는 기본 문자입니다.

あ 아 a	い 이 i	う 우 u	え 에 e	お 오 o
か 카 ka	き 키 ki	く 쿠 ku	け 케 ke	こ 코 ko
さ 사 sa	し 시 si	す 스 su	せ 세 se	そ 소 so
た 타 ta	ち 치 chi	つ 츠 tsu	て 테 te	と 토 to
な 나 na	に 니 ni	ぬ 누 nu	ね 네 ne	の 노 no
は 하 ha	ひ 히 hi	ふ 후 hu	へ 헤 he	ほ 호 ho
ま 마 ma	み 미 mi	む 무 mu	め 메 me	も 모 mo
や 야 ya		ゆ 유 yu		よ 요 yo
ら 라 ra	り 리 ri	る 루 ru	れ 레 re	ろ 로 ro
わ 와 wa		ん 응 n,m,ng		を 오 o

카타카나

카타카나는 히라가나와 발음은 동일하지만, 주로 외래어를 표기하거나 의성어, 의태어를 나타낼 때 사용합니다.

ア 아 a	イ 이 i	ウ 우 u	エ 에 e	オ 오 o
カ 카 ka	キ 키 ki	ク 쿠 ku	ケ 케 ke	コ 코 ko
サ 사 sa	シ 시 si	ス 스 su	セ 세 se	ソ 소 so
タ 타 ta	チ 치 chi	ツ 츠 tsu	テ 테 te	ト 토 to
ナ 나 na	ニ 니 ni	ヌ 누 nu	ネ 네 ne	の 노 no
ハ 하 ha	ヒ 히 hi	フ 후 hu	ヘ 헤 he	ホ 호 ho
マ 마 ma	ミ 미 mi	ム 무 mu	メ 메 me	モ 모 mo
ヤ 야 ya		ユ 유 yu		ヨ 요 yo
ラ 라 ra	リ 리 ri	ル 루 ru	レ 레 re	ロ 로 ro
ワ 와 wa		ン 응 n,m,ng		ヲ 오 o

탁음과 반탁음

か さ た は행의 글자 오른쪽 윗부분에 탁점(゛)을 붙인 음을 탁음이라고 하며, 반탁음은 は행의 오른쪽 윗부분에 반탁점(゜)을 붙인 것을 말합니다.

が ガ 가 ga	ぎ ギ 기 gi	ぐ グ 구 gu	げ ゲ 게 ge	ご ゴ 고 go
ざ ザ 자 za	じ ジ 지 zi	ず ズ 즈 zu	ぜ ゼ 제 ze	ぞ ゾ 조 zo
だ ダ 다 da	ぢ ヂ 지 zi	づ ヅ 즈 zu	で デ 데 de	ど ド 도 do
ば バ 바 ba	び ビ 비 bi	ぶ ブ 부 bu	べ ベ 베 be	ぼ ボ 보 bo
ぱ パ 파 pa	ぴ ピ 피 pi	ぷ プ 푸 pu	ぺ ペ 페 pe	ぽ ポ 포 po

요음

요음이란 い단 글자 중 자음에 반모음의 작은 글자 ゃゅょ를 붙인 음으로 우리 말의 ㅑ ㅠ ㅛ 같은 역할을 합니다.

きゃ キャ 캬 kya	きゅ キュ 큐 kyu	きょ キョ 쿄 kyo
しゃ シャ 샤 sha(sya)	しゅ シュ 슈 shu(syu)	しょ ショ 쇼 sho(syo)
ちゃ チャ 챠 cha(tya)	ちゅ チュ 츄 chu(tyu)	ちょ チョ 쵸 cho(tyo)
にゃ ニャ 냐 nya	にゅ ニュ 뉴 nyu	にょ ニョ 뇨 nyo
ひゃ ヒャ 햐 hya	ひゅ ヒュ 휴 hyu	ひょ ヒョ 효 hyo
みゃ ミャ 먀 mya	みゅ ミュ 뮤 myu	みょ ミョ 묘 myo
りゃ リャ 랴 rya	りゅ リュ 류 ryu	りょ リョ 료 ryo
ぎゃ ギャ 갸 gya	ぎゅ ギュ 규 gyu	ぎょ ギョ 교 gyo
じゃ ジャ 쟈 zya(ja)	じゅ ジュ 쥬 zyu(ju)	じょ ジョ 죠 zyo(jo)
びゃ ビャ 뱌 bya	びゅ ビュ 뷰 byu	びょ ビョ 뵤 byo
ぴゃ ピャ 퍄 pya	ぴゅ ピュ 퓨 pyu	ぴょ ピョ 표 pyo

발음

오십음도에서 마지막 글자인 ん은 단어의 첫머리에 올 수 없으며 항상 다른 글자 뒤에 쓰여 우리말의 받침과 같은 구실을 합니다. ん 다음에 오는 글자의 영향에 따라 다음과 같은 소리가 납니다.

ㅇ ん(ン) 다음에 か が행의 글자가 이어지면 'ㅇ'으로 발음한다.

えんき 연기 [엥끼]

ミンク 밍크 [밍쿠]

ㄴ ん(ン) 다음에 さ ざ た だ な ら행의 글자가 이어지면 'ㄴ'으로 발음한다.

かんし 감시 [칸시]

はんたい 반대 [한따이]

ヒント 힌트 [힌토]

パンダ 팬더 [판다]

ㅁ ん(ン) 다음에 ま ば ぱ행의 글자가 이어지면 'ㅁ'으로 발음한다.

あんま 안마 [암마]

テンポ 템포 [템포]

ㅇ ん(ン) 다음에 あ は や わ행의 글자가 이어지면 'ㄴ'과 'ㅇ'의 중간음으로 발음한다. 또한 단어 끝에 ん이 와도 마찬가지이다.

れんあい 연애 [렝아이]

にほん 일본 [니홍]

촉음

촉음은 つ를 작은 글자 っ로 표기하며 뒤에 오는 글자의 영향에 따라 우리말 받침의 ㄱ ㅅ ㄷ ㅂ으로 발음합니다.

ㄱ 촉음인 っ(ッ) 다음에 か き く け こ가 이어지면 'ㄱ'으로 발음한다.

けっか 결과 [겍까]

サッカー 사커, 축구 [삭카—]

ㅅ 촉음인 っ(ッ) 다음에 さ し す せ そ가 이어지면 'ㅅ'으로 발음한다.

さっそく 속히, 재빨리 [삿소꾸]

クッション 쿠션 [쿳숑]

ㅂ 촉음인 っ(ッ) 다음에 ぱ ぴ ぷ ぺ ぽ가 이어지면 'ㅂ'으로 발음한다.

いっぱい 가득 [입빠이]

ヨーロッパ 유럽 [요—롭파]

ㄷ 촉음인 っ(ッ) 다음에 た ち つ て と가 이어지면 'ㄷ'으로 발음한다.

きって 우표 [긷떼]

タッチ 터치 [탇치]

*이 책에서는 ㄷ으로 발음하는 경우는 편의상 ㅅ으로 표기하였습니다.

장음

장음이란 같은 모음이 중복될 때 앞의 발음을 길게 발음하는 것을 말합니다. 카타카나에서는 장음부호를 ー로 표기합니다.

あ あ단에 모음 あ가 이어질 경우 뒤의 모음인 あ는 장음이 된다.

おかあさん 어머니 [오까-상]

スカート 스커트 [스카-토]

い い단에 모음 い가 이어질 경우 뒤의 모음인 い는 장음이 된다.

おじいさん 할아버지 [오지-상]

タクシー 택시 [타쿠시-]

う う단에 모음 う가 이어질 경우 뒤의 모음인 う는 장음이 된다.

くうき 공기 [구-끼]

スーパー 슈퍼 [스-파-]

え え단에 모음 え나 い가 이어질 경우 뒤의 모음인 え い는 장음이 된다.

おねえさん 누님, 누나 [오네-상]

えいが 영화 [에-가]

お お단에 모음 お나 う가 이어질 경우 뒤의 모음인 お う는 장음이 된다.

こおり 얼음 [코-리]

とうふ 두부 [토-후]

내 손에서 만만하게 시작하는 포켓북 일본어 첫걸음!

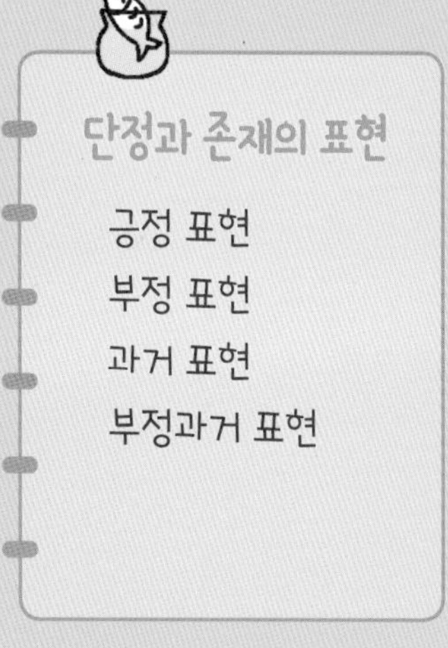

단정의 표현

▶ ~は ~です

~**です**는 우리말의 '~입니다'에 해당하는 말로 명사 및 그에 준하는 말에 접속하여 정중하게 단정을 나타냅니다. 여기서 は는 우리말의 '~은(는)'에 해당하는 조사로 명사에 접속하여 주제에 대한 설명을 합니다. 본래의 발음은 ha(하)이지만 조사로 쓰일 때는 반드시 wa(와)로 발음합니다.

これは本(ほん)です。 이것은 책입니다.

▶ ~ですか

~**です**에 의문이나 질문을 나타내는 종조사 **か**를 접속한 ~**ですか**는 우리말의 '~입니까'의 뜻이 되며, 의문문에는 ?로 표기하지 않고 마침표인 '。'를 쓴다는 점이 우리 표기법과 차이가 있습니다.

これは本(ほん)ですか。 이것은 책입니까?

▶ ~では(じゃ) ありません

~**ではありません**은 정중한 단정을 나타내는 ~**です**의 부정형으로 우리말의 '~이(가) 아닙니다'의 뜻으로 단정을 정중하게 부정하는 표현입니다. 의문이나 질문을 나타내는 종조사 **か**를 접속하면 '~이(가) 아닙니까?'의 뜻이 됩니다. ~**ではありません**의 **では**는 회화체에 흔히 **じゃ**로 줄여서 ~**じゃありません**으로 말합니다.

これは本(ほん)では(じゃ)ありません。 이것은 책이 아닙니다.

▶ ~でした

~でした는 우리말의 '~이었습니다'로 해석되며, 정중한 단정을 나타내는 ~**です**에 과거·완료를 나타내는 **た**가 접속된 형태입니다.

それは本(ほん)でした。 그것은 책이었습니다.

▶ ~では(じゃ) ありませんでした

~ではありませんでした는 '~이(가) 아니었습니다'의 뜻으로 ~**ではありません**에 ~**です**의 과거형인 ~**でした**가 접속된 형태입니다.

それは本(ほん)では(じゃ)ありませんでした。
그것은 책이 아니었습니다.

존재의 표현

▶ あります

あります는 사물이나 식물 등, 동작성이 없는 것의 존재를 나타낼 때 쓰이는 말로 우리말의 '있습니다'에 해당합니다. 그러나 **います**는 **あります**와 마찬가지로 존재를 나타내는 점에서는 동일하지만, 동작성이 있는 사람이나 동물 등 생물의 존재를 나타낼 때 쓰입니다. 이처럼 우리말에는 존재를 나타내는 말이 하나밖에 없지만, 일본어에는 두 가지 표현이 있습니다.

ここに本(ほん)があります。 여기에 책이 있습니다.
ここに猫(ねこ)がいます。 여기에 고양이가 있습니다.

▶ ありません

ありません은 사물의 존재를 나타내는 **あります**의 부정형으로 우리말의 '없습니다'의 뜻입니다. 동작성이 있는 생물의 존재를 나타내는 **います**의 부정형은 **いません**(없습니다)입니다.

ここに本(ほん)はありません。 여기에 책은 없습니다.
ここに猫(ねこ)はいません。 여기에 고양이는 없습니다.

▶ ありました

ありました는 무생물의 존재를 나타내는 **あります**의 과거형으로 우리말의 '있었습니다'이고, **いました**는 생물의 존재를 나타내는 **います**의 과거형으로 '있었습니다'의 뜻입니다. 즉, **ます**에 과거·완료를 나타내는 **た**가 접속된 형태입니다.

あそこに本(ほん)がありました。 거기에 책이 있었습니다.
あそこに猫(ねこ)がいました。 거기에 고양이가 있었습니다.

▶ ありませんでした

ありませんでした는 **あります**의 부정형인 **ありません**에 **です**의 과거형인 **でした**가 접속된 형태로 우리말의 '없었습니다'에 해당합니다. **いませんでした**는 **います**의 부정형인 **いません**에 **でした**가 접속된 형태로 우리말의 '없었습니다'에 해당합니다.

Unit 01 ~です

~입니다

말해볼까요?

A: これは何(なん)ですか。

고레와 난데스까

이것은 무엇입니까?

B: それはボールペンです。

소레와 보-루펜데스

그것은 볼펜입니다.

학습포인트!

は는 우리말의 '~은(는)'에 해당하는 조사로 본래의 발음은 'ha(하)'이지만 조사로 쓰일 때는 'wa(와)'로 발음하므로 주의해야 합니다. 또한 ~です는 우리말의 '~입니다'에 해당하는 말로 명사나 명사에 준하는 말에 접속하여 정중한 단정을 나타냅니다. ~ですか는 의문이나 질문을 나타내는 종조사 か가 접속된 형태로 우리말의 '~입니까'에 해당합니다.

일어 녹음을 듣고 소리내어 읽어볼까요?

이것은 책입니다.

これは本(ほん)です。

고레와 혼데스

저것은 연필입니다.

あれは鉛筆(えんぴつ)です。

아레와 엠피쯔데스

나는 학생입니다.

わたしは学生(がくせい)です。

와따시와 각세-데스

이것은 무엇입니까?

これは何(なん)ですか。

고레와 난데스까

저것은 책상입니까?

あれはつくえですか。

아레와 쓰꾸에데스까

당신은 일본인입니까?

あなたは日本人(にほんじん)ですか。

아나따와 니혼진데스까

01 대화 다시듣기

A: 이것은 무엇입니까?

B: 그것은 볼펜입니다.

□ □ □

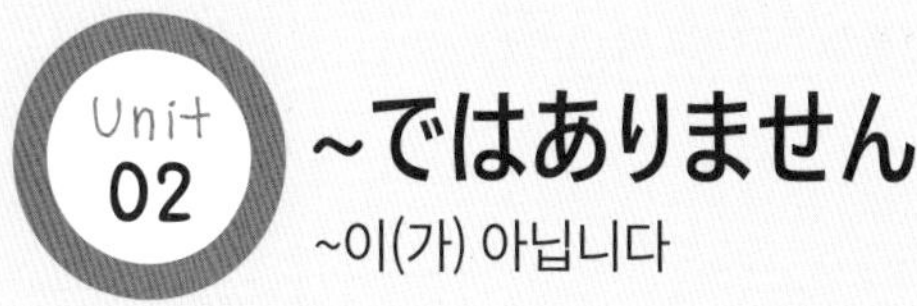

~ではありません

~이(가) 아닙니다

A: あれはタクシーですか。

아레와 타쿠시-데스까

저것은 택시입니까?

B: いいえ、あれはタクシーじゃありません。

이-에, 아레와 타쿠시-쟈 아리마셍

아니오, 저것은 택시가 아닙니다.

학습포인트!

~ではありません은 정중한 단정을 나타내는 ~です(~입니다)의 부정형으로 우리말의 '~이(가) 아닙니다'에 해당합니다. 그러나 회화에서는 では를 じゃ로 줄여서 ~じゃありません으로 많이 쓰입니다. では의 は는 조사이므로 '데와'로 발음합니다. ~ではありませんか는 의문이나 질문을 나타내는 종조사 か가 접속된 형태로 우리말의 '~이 아닙니까'에 해당합니다.

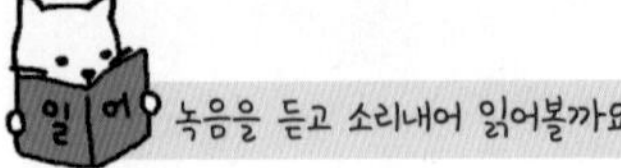

이것은 스마트폰이 아닙니다.

これはスマホではありません。
고레와 스마호데와 아리마셍

그것은 노트북이 아닙니다.

それはノートブックではありません。
소레와 노-토북쿠데와 아리마셍

이것은 나이프가 아닙니다.

これはナイフじゃありません。
고레와 나이후쟈 아리마셍

이것은 텔레비전이 아닙니까?

これはテレビではありませんか。
고레와 테레비데와 아리마셍까

저것은 버스가 아닙니까?

あれはバスではありませんか。
아레와 바스데와 아리마셍까

이것은 전자계산기가 아닙니까?

これは電卓(でんたく)じゃありませんか。
고레와 덴타꾸쟈 아리마셍까

02 대화 다시듣기

A: 저것은 택시입니까?

B: 아니오, 저것은 택시가 아닙니다.

☐ ☐ ☐

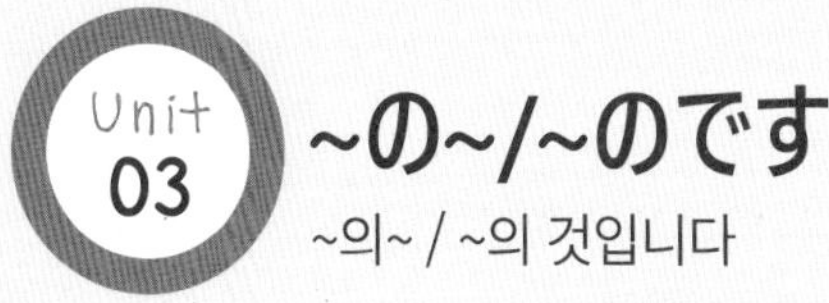

Unit 03 ~の~/~のです

~의~ / ~의 것입니다

A: あの車(くるま)はあなたのですか。

아노 구루마와 아나따노데스까

저 차는 당신 것입니까?

B: いいえ、わたしのではありません。

이-에, 와따시노데와 아리마셍

아니오, 내 것이 아닙니다.

학습포인트!

の는 우리말의 '~의'에 해당하는 조사입니다. '명사＋の＋명사'의 형태로 뒤의 명사가 어떤 것인지를 나타내는 역할을 합니다. 우리말의 경우는 명사와 명사 사이의 조사 '~의'가 '내(나의) 볼펜'처럼 생략되는 경우가 많으나 일본어에서는 보통 생략하지 않습니다. 또한 の는 명사에 접속하여 ~のもの(~의 것)의 뜻으로 소유를 나타내는 명사적인 용법으로도 쓰입니다.

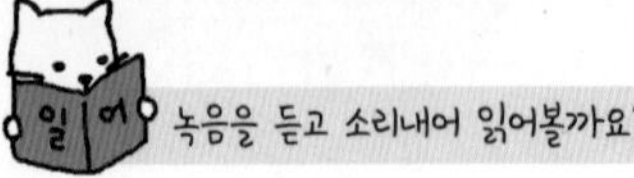

이것은 내 볼펜입니다

これはわたしのボールペンです。

고레와 와따시노 보-루펜데스

당신 우산은 어느 것입니까?

あなたの傘(かさ)はどれですか。

아나따노 카사와 도레데스까

저것은 누구 모자입니까?

あれはだれの帽子(ぼうし)ですか。

아레와 다레노 보-시데스까

저것은 내 가방이 아닙니다.

あれはわたしのかばんではありません。

아레와 와따시노 가방데와 아리마셍

이 책은 내 것이 아닙니다.

この本(ほん)はわたしのではありません。

고노 홍와 와따시노데와 아리마셍

그것은 내 것이고, 저것은 선생님 것입니다.

それはわたしので、あれは先生(せんせい)のです。

소레와 와따시노데, 아레와 센세-노데스

03 대화 다시듣기

A: 저 차는 당신 것입니까?

B: 아니오, 내 것이 아닙니다.

□ □ □

Unit 04 ~でした

~이었습니다

A: きのうは何日(なんにち)でしたか。

기노-와 난니찌데시다까

어제는 며칠이었습니까?

B: きのうは14日(か)でした。

기노-와 쥬-욕까데시다

어제는 14일이었습니다.

학습포인트!

~でした는 정중한 단정을 나타내는 ~です(~입니다)의 과거형으로 우리말의 '~이었습니다'에 해당합니다. 앞서 배운 ~ですか(~입니까), ~ではありませんか(~이 아니었습니까)처럼 ~でした에 의문이나 질문을 나타내는 종조사 か를 접속하면 '~이었습니까?'의 뜻이 됩니다. 일본어에서는 의문이나 질문을 나타낼 때 물음표(?)를 쓰지 않고 마침표(。)를 씁니다.

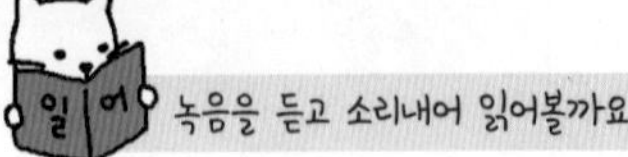

어제는 선생님의 생일이었습니다.

きのうは先生(せんせい)のお誕生日(たんじょうび)でした。

기노-와 센세-노 오탄죠-비데시다

어제는 금요일이었습니다.

きのうは金曜日(きんようび)でした。

기노-와 킹요-비데시다

이 빌딩은 전에는 병원이었습니다.

このビルは前(まえ)は病院(びょういん)でした。

고노 비루와 마에와 뵤-인데시다

어제는 며칠이었습니까?

きのうは何日(なんにち)でしたか。

기노-와 난니찌데시다까

입학식은 무슨 요일이었습니까?

入学式(にゅうがくしき)は何曜日(なんようび)でしたか。

뉴-가꾸시끼와 낭요-비데시다까

요시무라 씨, 어제는 쉬는 날이었습니까?

吉村(よしむら)さん、きのうは休(やす)みの日(ひ)でしたか。

요시무라상, 기노-와 야스미노히데시다까

04 대화 다시듣기

A: 어제는 며칠이었습니까?

B: 어제는 14일이었습니다.

□ □ □

Unit 05 ~ではありませんでした

~이(가) 아니었습니다

A: 木村(きむら)さんとの約束(やくそく)は3時(じ)でしたか。

기무산또노 약소꾸와 산지데시다까

기무라씨와의 약속은 3시였습니까?

B: いいえ、3時(じ)じゃありませんでした。
4時(じ)でした。

이-에, 산지쟈 아리마센데시다.
요지데시다

아니오, 3시가 아니었습니다.
4시였습니다.

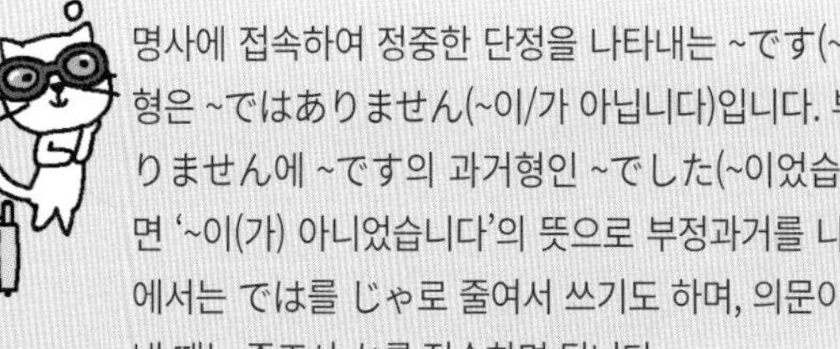

명사에 접속하여 정중한 단정을 나타내는 ~です(~입니다)의 부정형은 ~ではありません(~이/가 아닙니다)입니다. 부정형 ~ではありません에 ~です의 과거형인 ~でした(~이었습니다)를 접속하면 '~이(가) 아니었습니다'의 뜻으로 부정과거를 나타냅니다. 회화에서는 では를 じゃ로 줄여서 쓰기도 하며, 의문이나 질문을 나타낼 때는 종조사 か를 접속하면 됩니다.

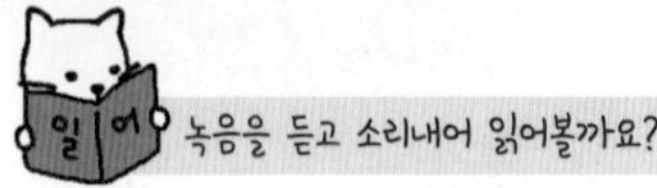

녹음을 듣고 소리내어 읽어볼까요?

어제는 쉬는 날이 아니었습니다.

きのうは休(やす)みの日(ひ)ではありませんでした。

기노-와 야스미노히데와 아리마센데시다

그제는 국경일이 아니었습니다.

おとといは祝日(しゅくじつ)ではありませんでした。

오토또이와 슈꾸지쯔데와 아리마센데시다

어제는 비가 오지 않았습니다.

きのうは雨(あめ)じゃありませんでした。

기노-와 아메쟈 아리마센데시다

당신은 샐러리맨이 아니었습니까?

あなたはサラリーマンではありませんでしたか。

아나따와 사라리-만데와 아리마센데시다까

옛날에 저기는 백화점이 아니었습니까?

昔(むかし)、あそこはデパートじゃありませんでしたか。

무까시, 아소꼬와 데파-토쟈 아리마센데시다까

여기는 역이 아니었습니까?

ここは駅(えき)じゃありませんでしたか。

고꼬와 에끼쟈 아리마센데시다까

05 대화 다시듣기

A: 기무라씨와의 약속은 3시였습니까? □ □ □

B: 아니오, 3시가 아니었습니다. 4시였습니다.

Unit 06 ~があります

~이(가) 있습니다

A: テーブルの上(うえ)には何(なに)がありますか。

테-부루노 우에니와 나니가 아리마스까

테이블 위에는 무엇이 있습니까?

B: バナナとりんごがあります。

바나나또 링고가 아리마스

바나나와 사과가 있습니다.

학습포인트!

우리말과는 달리 일본어에서는 동작성이 없는 무생물의 존재를 나타낼 때는 あります(있습니다)를 사용하고, 동작성이 있는 사람이나 동물 등, 생물의 존재를 나타낼 때는 います(있습니다)를 쓰입니다. 여기에서 나오는 に는 우리말의 '~에'에 해당하는 조사로 어떤 사물이 존재하는 장소를 나타낼 때 쓰이며, が는 '~이(가)'의 뜻으로 명사에 접속하여 주격을 나타냅니다.

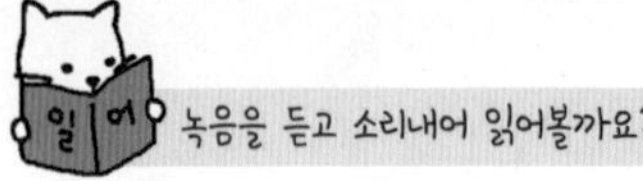

사과는 테이블 위에 있습니다.

りんごはテーブルの上(うえ)にあります。

링고와 테-부루노 우에니 아리마스

과일은 바구니 안에 있습니다.

果物(くだもの)はかごの中(なか)にあります。

구다모노와 카고노 나까니 아리마스

컴퓨터는 어디에 있습니까?

コンピューターはどこにありますか。

콤퓨-타-와 도꼬니 아리마스까

운동장에는 어린이들이 있습니다.

運動場(うんどうじょう)には子供(こども)たちがいます。

운도-죠-니와 코도모타찌가 이마스

우리집 정원에는 강아지가 있습니다.

うちの庭(にわ)には子犬(こいぬ)がいます。

우찌노 니와니와 코이누가 이마스

방 안에는 누가 있습니까?

部屋(へや)の中(なか)にはだれがいますか。

헤야노 나까니와 다레가 이마스까

06 대화 다시듣기

A: 테이블 위에는 무엇이 있습니까? □□□

B: 바나나와 사과가 있습니다.

Unit 07 ~はありません

~은(는) 없습니다

말해볼까요?

A: 中村(なかむら)さんは事務所(じむしょ)にいますか。

나까무라상와 지무쇼니 이마스까

나카무라 씨는 사무실에 있습니까?

B: いいえ、事務所(じむしょ)にはいません。
外出中(がいしゅつちゅう)です。

이-에, 지무쇼니와 이마셍.
가이슈쯔쮸-데스

아니오, 사무실에는 없습니다.
외출중입니다.

학습포인트!

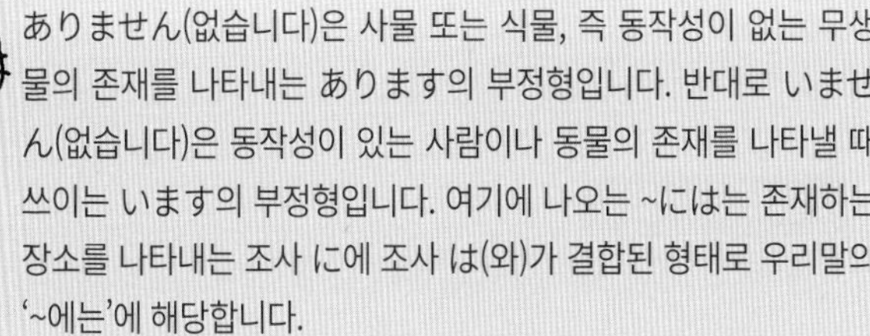

ありません(없습니다)은 사물 또는 식물, 즉 동작성이 없는 무생물의 존재를 나타내는 あります의 부정형입니다. 반대로 いません(없습니다)은 동작성이 있는 사람이나 동물의 존재를 나타낼 때 쓰이는 います의 부정형입니다. 여기에 나오는 ~には는 존재하는 장소를 나타내는 조사 に에 조사 は(와)가 결합된 형태로 우리말의 '~에는'에 해당합니다.

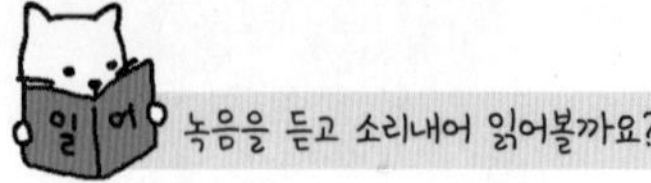

녹음을 듣고 소리내어 읽어볼까요?

책상 위에는 아무것도 없습니다.

つくえの上(うえ)には何(なに)もありません。

쓰꾸에노 우에니와 나니모 아리마셍

가방 속에 수첩은 없습니다.

かばんの中(なか)に手帳(てちょう)はありません。

가반노 나까니 데쵸-와 아리마셍

장롱 속에 바지는 없습니까?

たんすの中(なか)にズボンはありませんか。

단스노 나까니 즈봉와 아리마셍까

교실 안에는 아무도 없습니다.

教室(きょうしつ)の中(なか)にはだれもいません。

쿄-시쯔노 나까니와 다레모 이마셍

개와 고양이는 어디에도 없습니다.

犬(いぬ)と猫(ねこ)はどこにもいません。

이누또 네꼬와 도꼬니모 이마셍

방에는 아무도 없습니까?

部屋(へや)にはだれもいませんか。

헤야니와 다레모 이마셍까

07 대화 다시듣기

A: 나카무라씨는 사무실에 있습니까? □ □ □

B: 아니오, 사무실에는 없습니다. 외출중입니다.

~にありました

~에 있었습니다

A: あなたの時計(とけい)はどこにありましたか。

아나따노 도께-와 도꼬니 아리마시다까

당신 시계는 어디에 있었습니까?

B: 田中(たなか)さんのつくえの上(うえ)にありました。

다나까산노 쓰꾸에노 우에니 아리마시다

다나카 씨 책상 위에 있었습니다.

학습포인트!

ありました(없었습니다)은 사물 또는 식물, 즉 동작성이 없는 무생물의 존재를 나타내는 あります의 과형입니다. 반대로 いました(없었습니다)은 동작성이 있는 사람이나 동물의 존재를 나타낼 때 쓰이는 います의 과거형입니다. 존재를 나타내는 あります(います)의 부정형이나 과거형에 종조사 か를 접속하면 의문이나 질문을 나타냅니다.

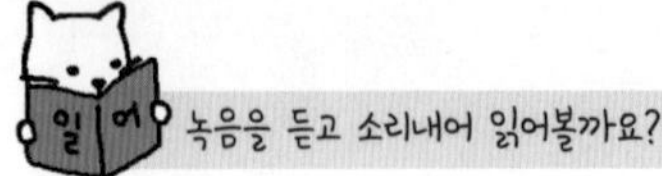

녹음을 듣고 소리내어 읽어볼까요?

쓰레기통은 의자 밑에 있었습니다.

ごみばこはいすの下(した)にありました。

고미바꼬와 이스노 시따니 아리마시다

노트는 책상 위에 있었습니까?

ノートはつくえの上(うえ)にありましたか。

노-토와 쓰꾸에노 우에니 아리마시다까

가방 속에는 무엇이 있었습니까?

かばんの中(なか)には何(なに)がありましたか。

가반노 나까니와 나니가 아리마시다까

교실 안에 나카무라 선생님이 있었습니다.

教室(きょうしつ)の中(なか)に中村先生(なかむらせんせい)がいました。

쿄-시쯔노 나까니 나까무라 센세-가 이마시다

연못 안에는 금붕어가 있었습니까?

池(いけ)の中(なか)には金魚(きんぎょ)がいましたか。

이께노 나까니와 킹교가 이마시다까

거기에는 누구와 누가 있었습니까?

あそこにはだれとだれがいましたか。

아소꼬니와 다레또 다레가 이마시다까

08 대화 다시듣기

A: 당신 시계는 어디에 있었습니까? □ □ □

B: 다나카 씨 책상 위에 있었습니다.

~もありませんでした

~도 없었습니다

A: あそこに吉村(よしむら)さんもいましたか。

아소꼬니 요시무라삼모 이마시다까

거기에 요시무라 씨도 있었습니까?

B: いいえ、あそこに吉村(よしむら)さんはいませんでした。

이-에, 아소꼬니 요시무라상와 이마센데시다

아니오, 거기에 요시무라 씨는 없었습니다.

학습포인트!

ありませんでした와 いませんでした는 동작성이 없는 무생물의 존재를 나타내는 あります와 동작성이 있는 사람이나 동물의 존재를 나타내는 います의 부정형인 ありません과 いません에 ~です의 과거형인 ~でした를 접속한 형태로 '없었습니다'의 뜻인 부정과거가 됩니다. 또한 조사 も는 우리말 조사 '~도'에 해당하므로 ~にも는 '~에도'의 뜻이 됩니다.

일어 녹음을 듣고 소리내어 읽어볼까요?

가방 안에는 아무것도 없었습니다.

かばんの中(なか)には何(なに)もありませんでした。

가반노 나까니와 나니모 아리마센데시다

볼펜은 어디에도 없었습니다.

ボールペンはどこにもありませんでした。

보-루펭와 도꼬니모 아리마센데시다

거기에는 아무것도 없었습니까?

あそこには何(なに)もありませんでしたか。

아소꼬니와 나니모 아리마센데시다까

기무라 씨는 회사에도 없었습니다.

木村(きむら)さんは会社(かいしゃ)にもいませんでした。

기무라상와 카이샤니모 이마센데시다

정원에는 고양이도 개도 없었습니다.

庭(にわ)には猫(ねこ)も犬(いぬ)もいませんでした。

니와니와 네꼬모 이누모 이마센데시다

거기에는 아무도 없었습니까?

あそこには誰(だれ)もいませんでしたか。

아소꼬니와 다레모 이마센데시다까

09 대화 다시듣기

A: 거기에 요시무라 씨도 있었습니까? □ □ □

B: 아니오, 거기에 요시무라 씨는 없었습니다.

~しかありません

~밖에 없습니다

A: 冷蔵庫(れいぞうこ)にりんごはたくさんありますか。

레-조-꼬니 링고와 닥상 아리마스까

냉장고에 사과는 많이 있습니까?

B: いいえ、全部(ぜんぶ)で3個(こ)しかありません。

이-에, 젬부데 상꼬시까 아리마셍

아니오, 전부해서 3개밖에 없습니다.

학습포인트!

しかは 우리말 조사 '~밖에, 뿐'의 뜻으로 한정을 나타내며, 반드시 뒤에는 ありません처럼 부정어가 옵니다. ~には(니와)는 조사 に와 は가 결합된 형태로 우리말의 '~에는'에 해당합니다.
참고로 일본어 고유수사는 ひとつ(하나) ふたつ(둘) みっつ(셋) よっつ(넷) いつつ(다섯) むっつ(여섯) ななつ(일곱) やっつ(여덟) ここのつ(아홉) とお(열)까지 있습니다.

일어 녹음을 듣고 소리내어 읽어볼까요?

배는 두 개밖에 없습니다.

りんごは二(ふた)つしかありません。

링고와 후타쯔시까 아리마셍

바구니 안에는 토마토밖에 없습니다.

かごの中(なか)にはトマトしかありません。

카고노 나까니와 토마토시까 아리마셍

바나나는 이것밖에 없었습니까?

バナナはこれしかありませんでしたか。

바나나와 고레시까 아리마센데시다까

방에는 침대밖에 없습니다.

部屋(へや)にはベッドしかありません。

헤야니와 벳도시까 아리마셍

돈은 이것밖에 없습니까?

お金(かね)はこれしかありませんか。

오까네와 고레시까 아리마셍까

남자는 한 명밖에 없었습니다.

男(おとこ)の子(こ)は一人(ひとり)しかいませんでした。

오토꼬노꼬와 히또리시까 이마센데시다

10 대화 다시듣기

A: 냉장고에 사과는 많이 있습니까? □ □ □

B: 아니오, 전부해서 3개밖에 없습니다.

PART
02

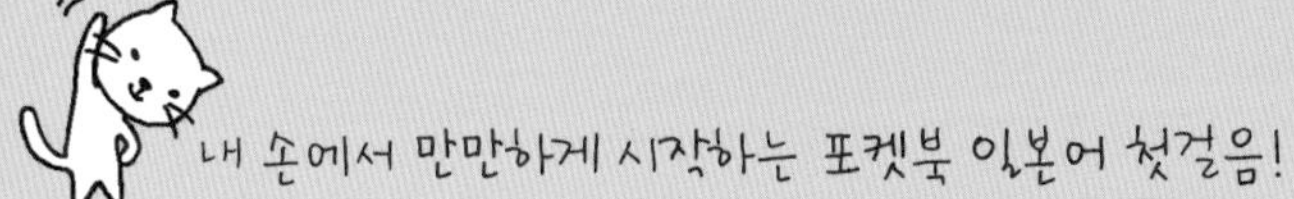
내 손에서 만만하게 시작하는 포켓북 일본어 첫걸음!

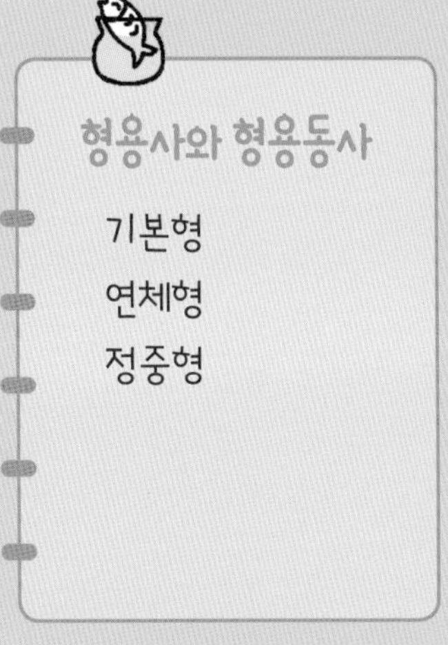
형용사와 형용동사
기본형
연체형
정중형

형용사

일본어의 형용사는 활용이 있는 자립어로써 사물의 성질과 상태를 나타냅니다. 단, 우리말 형용사와는 달리 의미로 분류하지 않고, 어미의 형태로 분류하는 점이 다르며, 일본어의 형용사는 모든 어미가 い로 끝납니다.

赤い(あかい) 빨갛다	寒い(さむい) 춥다
易しい(やさしい) 쉽다	明るい(あかるい) 밝다

▶ 기본형

어미가 い로 끝나는 형용사는 그 자체로 문장을 끝맺기도 합니다. 또한 뒤의 명사를 수식할 때도 어미 い의 기본형 상태를 취합니다. 즉, 우리말에서는 어미가 '~하다'가 '~한'으로 변하여 뒤의 명사를 수식하지만, 일본어에서는 어미 변화가 없습니다.

日本語(にほんご)はとても**易しい**(やさしい)。 일본어는 매우 쉽다.

とても**易しい**(やさしい)日本語(にほんご)です。 매우 쉬운 일본어입니다.

▶ 정중형

형용사의 기본형은 보통체로 '~하다'의 뜻이지만, 기본형에 ~です를 접속하면 '~합니다'의 뜻으로 상태를 정중하게 표현합니다. 질문을 할 때는 질문을 나타내는 か를 접속하면 됩니다.

日本語(にほんご)は易し(やさし)**いです**。 일본어는 쉽습니다.

日本語(にほんご)は易し(やさし)**くありません**。 일본어는 쉽지 않습니다.

日本語(にほんご)は易(やさ)しくありませんでした。 일본어는 쉽지 않았습니다.

日本語(にほんご)は易(やさ)しくて、英語(えいご)は難(むずか)しいです。
일본어는 쉽고, 영어는 어렵습니다.

형용동사

일본어의 형용사는 형태상 기본형의 어미가 い인 경우와 だ인 경우가 있습니다. 어미가 だ인 경우는 형용동사로 앞서 배운 형용사와 어미의 형태가 다를 뿐 상태를 나타내는 점에 있어서는 동일합니다. 단, 형용동사는 명사적인 성질이 강하며, 우리말의 '명사+하다'와 마찬가지로 상태를 나타낼 경우에는 대부분 일본어의 형용동사에 해당합니다.

静(しず)かだ 조용하다 綺麗(きれい)だ 깨끗하다
真面目(まじめ)だ 성실하다 有名(ゆうめい)だ 유명하다

▶ 기본형과 연체형

어미가 だ로 끝나는 형용동사는 그 자체로 문장을 끝맺기도 합니다. 그러나 뒤의 명사를 수식할 때 앞서 배운 형용사에서는 어미 변화가 없었지만, 형용동사는 어미 だ가 な로 바뀝니다.

この公園(こうえん)はとても静(しず)かだ。 이 공원은 매우 조용하다.

とても静(しず)かな公園(こうえん)ですね。 매우 조용한 공원이군요.

▶ 정중형

형용동사의 기본형은 보통체로 '~하다'의 뜻이지만, 기본형에 です를 접속하면 '~합니다'의 뜻으로 상태를 정중하게 나타냅니다. 질문을 할 때는 종조사 か를 접속하면 됩니다.

この公園(こうえん)は静(しず)かです。
이 공원은 조용합니다.

この公園(こうえん)は静(しず)かではありません。
이 공원은 조용하지 않습니다.

この公園(こうえん)は静(しず)かでした。
이 공원은 조용했습니다.

この公園(こうえん)は静(しず)かではありませんでした。
이 공원은 조용하지 않았습니다.

この公園(こうえん)は静(しず)かで、交通(こうつう)も便利(べんり)です。
이 공원은 조용하고, 교통도 편합니다.

(형용사)~いです

~합니다

A: あのセーターは高(たか)いですか。

아노 세-타-와 다까이데스까

저 스웨터는 비쌉니까?

B: はい、あのセーターは少(すこ)し高(たか)いです。

하이, 아노 세-타-와 스꼬시 다까이데스

네, 저 스웨터는 조금 비쌉니다.

학습포인트!

우리말 형용사는 의미로 분류하지만, 일본어 형용사는 어미의 형태(-い)로 분류합니다. 기본형의 어미는 い이며, 형용사를 정중하게 표현하고자 할 때는 기본형에 앞서 배운 정중한 단정을 나타내는 です를 접속하면 '~합니다'의 뜻이 됩니다. 우리말에서는 어미의 형태가 변하여 '~ㅂ니다'로 정중체가 되지만 일본어에서는 기본형의 어미 い에 です만 접속하면 됩니다.

일 어 녹음을 듣고 소리내어 읽어볼까요?

여기 겨울은 무척 춥다.

ここの冬(ふゆ)はとても寒(さむ)い。

고꼬노 후유와 도떼모 사무이

저 빌딩은 높습니다.

あのビルは高(たか)いです。

아노 비루와 다까이데스

비행기는 매우 빠릅니다.

飛行機(ひこうき)はとても速(はや)いです。

히코-끼와 도떼모 하야이데스

저 가방은 무겁습니까?

あのかばんは重(おも)いですか。

아노 카방와 오모이데스까

당신 회사는 가깝습니까?

あなたの会社(かいしゃ)は近(ちか)いですか。

아나따노 카이샤와 치까이데스까

저 선글라스는 쌉니까?

あのサングラスは安(やす)いですか。

아노 상구라스와 야스이데스까

01 대화 다시듣기

A: 저 스웨터는 비쌉니까? □ □ □

B: 네, 저 스웨터는 조금 비쌉니다.

(형용사)~い + 명사

~한 것(명사)

A: それはおもしろい本(ほん)ですか。

소레와 오모시로이 혼데스까

그것은 재미있는 책입니까?

B: いいえ、これはおもしろい本(ほん)ではありません。

이-에, 고레와 오모시로이 혼데와 아리마셍

아니오, 이것은 재미있는 책이 아닙니다.

학습포인트!

우리말에서는 형용사가 뒤의 명사를 수식할 때 '재미있다 + 책'이 '재미있는 책'처럼 어미 '~하다'가 '~한'으로 바뀌지만 일본어에서는 형용사가 뒤의 명사를 꾸밀 때는 'おもしろい(재미있다)+本(책)'처럼 어미 변화가 없이 기본형 상태로 쓰입니다. 참고로 조사 の는 앞에 언급한 명사가 반복될 때 명사 대용으로도 쓰이며, 이때는 '것'으로 해석합니다.

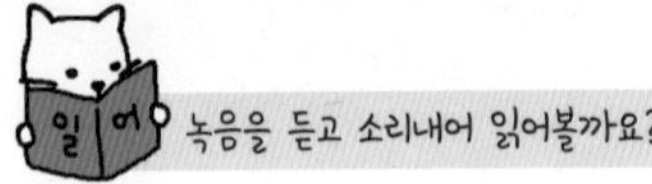

이것은 새 구두입니다.

これは新(あたら)しいくつです。

고레와 아따라시- 구쯔데스

당신 우산은 빨간 것입니까?

あなたの傘(かさ)は赤(あか)いのですか。

아나따노 카사와 아까이노데스까

내 것은 파란 모자가 아닙니다.

わたしのは青(あお)い帽子(ぼうし)ではありません。

와따시노와 아오이 보-시데와 아리마셍

그것은 재미있는 만화입니까?

それはおもしろい漫画(まんが)ですか。

소레와 오모시로이 망가데스까

당신 연필은 긴 것입니까?

あなたの鉛筆(えんぴつ)は長(なが)いのですか。

아나따노 엠피쯔와 나가이노데스까

그 빨간 장미는 얼마입니까?

その赤(あか)いバラはいくらですか。

소노 아까이 바라와 이꾸라데스까

♪ 02 대화 다시듣기

A: 그것은 재미있는 책입니까? □ □ □

B: 아니오, 이것은 재미있는 책이 아닙니다.

(형용사)~くありません

~하지 않습니다

A: その漫画(まんが)はおもしろいですか。

소노 망가와 오모시로이데스까

그 만화는 재미있습니까?

B: いいえ、この漫画(まんが)はおもしろくありません。

이-에, 고노 망가와 오모시로꾸 아리마셍

아니오, 이 만화는 재미있지 않습니다.

학습포인트!

형용사 어미 い를 く로 바꾸고 부정어인 ありません을 접속하면 '~하지 않습니다'의 뜻으로 정중하게 부정하는 표현이 됩니다. 이때 ありません은 존재의 부정(없습니다)이 아니라 상태의 부정으로 '아닙니다'가 되며, ~くありません은 형용사를 정중하게 표현하는 ~いです의 부정표현입니다. 참고로 あまり는 뒤에 부정어가 오면 '그다지, 별로'의 뜻을 나타냅니다.

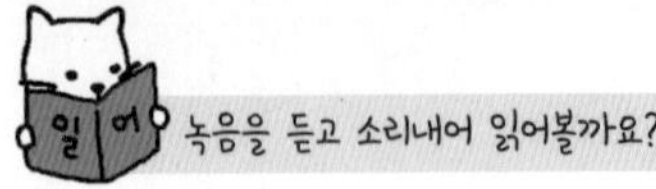

녹음을 듣고 소리내어 읽어볼까요?

이 과자는 맛있지 않습니다.

このお菓子(かし)はおいしくありません。

고노 오카시와 오이시꾸 아리마셍

올 여름은 덥지 않습니다.

今年(ことし)の夏(なつ)は暑(あつ)くありません。

코또시노 나쯔와 아츠꾸 아리마셍

일본어는 그다지 어렵지 않습니다.

日本語(にほんご)はあまり難(むずか)しくありません。

니홍고와 아마리 무즈까시꾸 아리마셍

이 수학 문제는 쉽지 않습니다.

この数学(すうがく)の問題(もんだい)は易(やす)しくありません。

고노 스-가꾸노 몬다이와 야사시꾸 아리마셍

이 텔레비전은 비싸지 않습니까?

このテレビは高(たか)くありませんか。

고노 테레비와 다카꾸 아리마셍까

당신 나라의 겨울은 춥지 않습니까?

あなたの国(くに)の冬(ふゆ)は寒(さむ)くありませんか。

아나따노 쿠니노 후유와 사무꾸 아리마셍까

03 대화 다시듣기

A: 그 만화는 재미있습니까?

B: 아니오, 이 만화는 재미있지 않습니다.

□ □ □

(형용사)~くは[も]ありません

~하지는[도] 않습니다

A: 日本語(にほんご)は易(やさ)しいですか。

니홍고와 야사시-데스까

일본어는 쉽습니까?

B: いいえ、易(やさ)しくも難(むずか)しくもありません。

이-에, 야사시꾸모 무즈가시꾸모 아리마셍

아니오, 쉽지도 어렵지도 않습니다.

학습포인트!

형용사의 부정을 강조할 때는 조사 は(와)를 부정어 앞에 삽입합니다. 즉, ~くはありません은 우리말의 '~하지는 않습니다'의 뜻이 됩니다. 또한 두 가지 이상의 상태를 부정할 때는 조사 も를 부정어 앞에 삽입한 ~くもありません은 '~하지도 않습니다'의 뜻이 됩니다. 형용사의 정중한 표현의 경우도 종조사 か를 접속하면 상태의 의문이나 질문을 나타냅니다.

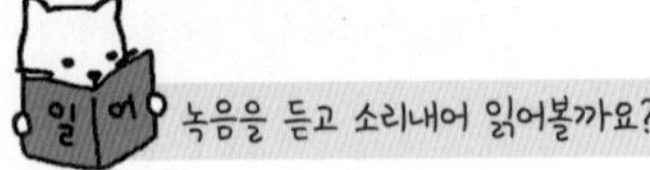

녹음을 듣고 소리내어 읽어볼까요?

이 맥주는 차갑지는 않습니다.

このビールは冷(つめ)たくはありません。

고노 비-루와 쓰메따꾸와 아리마셍

저 백화점은 크지는 않습니다.

あのデパートは大(おお)きくはありません。

아노 데파-토와 오-키꾸와 아리마셍

내 차는 새롭지는 않습니다.

わたしの車(くるま)は新(あたら)しくはありません。

와따시노 구루마와 아따라시꾸와 아리마셍

그 빌딩은 그다지 높지는 않습니까?

あのビルはあまり高(たか)くはありませんか。

아노 비루와 아마리 다카꾸와 아리마셍까

이 약은 달지도 쓰지도 않습니다.

この薬(くすり)は甘(あま)くも苦(にが)くもありません。

고노 구스리와 아마꾸모 니가꾸모 아리마셍

이 옷은 싸지도 비싸지도 않습니다.

この洋服(ようふく)は安(やす)くも高(たか)くもありません。

고노 요-후꾸와 야스꾸모 다카꾸모 아리마셍

04 대화 다시듣기

A: 일본어는 쉽습니까?

B: 아니오, 쉽지도 어렵지도 않습니다.

☐ ☐ ☐

학습일 ／ 

Unit 05 (형용사)~くありませんでした

~하지 않았습니다

말해볼까요?

A: 荷物(にもつ)は重(おも)くありませんでしたか。

니모쯔와 오모꾸 아리마센데시다까

짐은 무겁지 않았습니까?

B: はい、あまり重(おも)くはありませんでした。

하이, 아마리 오모꾸와 아리마센데시다

네, 그다지 무겁지 않았습니다.

학습포인트!

형용사의 기본형에 접속되어 정중한 단정을 나타내는 ~いです의 부정표현은 ~くありません입니다. 여기에 ~です의 과거형인 ~でした를 접속하면 '~하지 않았습니다'의 뜻으로 부정과거를 나타냅니다. 또한 강조를 나타내는 조사 は나 나열을 나타내는 も를 접속하면 '~하지는(도) 않았습니다'의 뜻이 되며, 의문이나 질문을 나타낼 때는 종조사 か를 접속하면 됩니다.

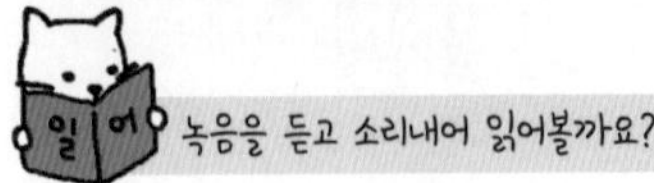

녹음을 듣고 소리내어 읽어볼까요?

올 여름은 덥지 않았습니다.

今年(ことし)の夏(なつ)は暑(あつ)くありませんでした。

고또시노 나쯔와 아츠꾸 아리마센데시다

그 영화는 재미있지 않았습니다.

あの映画(えいが)は面白(おもしろ)くありませんでした。

아노 에-가와 오모시로꾸 아리마센데시다

그 케이크는 그다지 맛있지 않았습니다.

あのケーキはあまりおいしくありませんでした。

아노 케-키와 아마리 오이시꾸 아리마센데시다

그 택시는 빠르지는 않았습니까?

あのタクシーは速(はや)くはありませんでしたか。

아노 타쿠시-와 하야꾸와 아리마센데시다까

수학 문제는 그다지 어렵지는 않았습니다.

数学(すうがく)の問題(もんだい)はあまり難(むずか)しくはありませんでした。

스-가꾸노 몬다이와 아마리 무즈까시꾸와 아리마센데시다

이번 시험은 그다지 쉽지 않았습니까?

今度(こんど)の試験(しけん)はあまり易(やさ)しくありませんでしたか。

곤도노 시껭와 아마리 야사시꾸 아리마센데시다까

♪ 05 대화 다시듣기

A: 짐은 무겁지 않았습니까? □ □ □

B: 네, 그다지 무겁지 않았습니다.

(형용동사)~です

~합니다

A: あのお寺(てら)は日本(にほん)で有名(ゆうめい)ですか。

아노 오떼라와 니혼데 유-메-데스까

저 절은 일본에서 유명합니까?

B: はい、日本(にほん)でいちばん有名(ゆうめい)です。

하이, 니혼데 이찌방 유-메-데스

네, 일본에서 가장 유명합니다.

학습포인트!

일본어 형용사는 형태상 기본형 어미가 い인 경우와 だ인 경우가 있습니다. 어미가 だ인 경우는 형용동사로 앞서 배운 형용사와 어미의 형태가 다를 뿐 상태나 성질을 나타내는 점에 있어서는 동일합니다. 단, 형용동사는 명사적인 성질이 강하며, 우리말의 '명사+하다'의 경우 상태를 나타내는 경우는 대부분 일본어의 형용동사에 해당한다고 볼 수 있습니다.

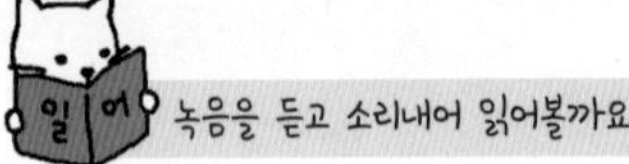

녹음을 듣고 소리내어 읽어볼까요?

이 생선은 신선합니다.

この魚(さかな)は新鮮(しんせん)です。

고노 사까나와 신센데스

여기 공기는 상쾌합니다.

ここの空気(くうき)は爽(さわ)やかです。

고꼬노 쿠-끼와 사와야까데스

그 레스토랑 사람들은 친절합니다.

あのレストランの人(ひと)たちは親切(しんせつ)です。

아노 레스토란노 히또타찌와 신세쯔데스

여기는 교통이 편리합니까?

ここは交通(こうつう)が便利(べんり)ですか。

고꼬와 고-쓰-가 벤리데스까

이 백화점은 유명합니까?

このデパートは有名(ゆうめい)ですか。

고노 데파-토와 유-메-데스까

이 주택가는 조용합니까?

この住宅街(じゅうたくがい)は静(しず)かですか。

고노 쥬-따꾸가이와 시즈까데스까

---

06 대화 다시듣기

A: 저 절은 일본에서 유명합니까? □□□

B: 네, 일본에서 가장 유명합니다.

학습일 /

(형용동사)~な + 명사

~한 것(명사)

A: このきれいな洋服(ようふく)はだれのですか。

고노 기레-나 요-후꾸와 다레노데스까

이 예쁜 옷은 누구 것입니까?

B: 吉村(よしむら)さんのです。

요시무라산노데스

요시무라 양 것입니다.

학습포인트!

형용동사의 뒤의 명사를 수식할 때는 어미 だ가 な로 바뀝니다. 즉, 형용사에서는 기본형 상태로 뒤의 명사를 수식하지만, 형용동사의 경우는 '~な+명사'의 형태를 취합니다. 참고로 형용동사는 명사적인 성질이 강하여 명사술어의 ~だ(です)와 동일합니다. 단, 명사가 이어질 때는 명사술어는 の이지만 형용동사의 경우는 な의 형태를 취하는 점에서만 다릅니다.

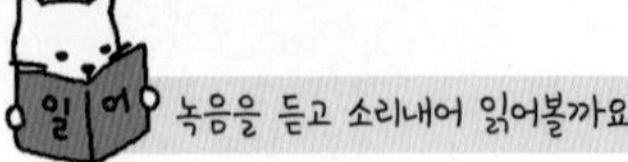

녹음을 듣고 소리내어 읽어볼까요?

상당히 깨끗한 공원이군요.

なかなかきれいな公園(こうえん)ですね。

나까나까 기레-나 코-엔데스네

상당히 친절한 분이시군요.

なかなか親切(しんせつ)な方(かた)ですね。

나까나까 신세쯔나 카따데스네

좋아하는 요리는 무엇입니까?

お好(す)きな料理(りょうり)は何(なん)ですか。

오스끼나 료-리와 난데스까

잘하는 스포츠는 무엇입니까?

得意(とくい)なスポーツは何(なん)ですか。

도꾸이나 스포-츠와 난데스까

상당히 조용한 아파트이군요.

なかなか静(しず)かなアパートですね。

나까나까 시즈까나 아파-토데스네

교통이 편리한 곳에 있습니다.

交通(こうつう)が便利(べんり)なところにあります。

고-쓰-가 벤리나 도꼬로니 아리마스

A: 이 예쁜 옷은 누구 것입니까? □ □ □

B: 요시무라 양 것입니다.

학습일 ／ 

(형용동사)~ではありません

~하지 않습니다

A: このネクタイはどうですか。

고노 네쿠타이와 도-데스까

이 넥타이는 어떻습니까?

B: いいですね。でもちょっと派手(はで)じゃありませんか。

이-데스네. 데모 춋도 하데쟈 아리마셍까

좋군요, 하지만
좀 화려하지 않습니까?

학습포인트!

형용동사의 정중형은 어미 だ를 정중한 뜻을 나타내는 です로 바꾸면 됩니다. 부정표현은 단정을 나타내는 ~です의 부정표현인 ~ではありません과 동일합니다. 마찬가지로 회화에서는 줄여서 ~じゃありません으로 표현합니다. 일본어 형용동사를 정중하게 표현하고자 할 때는 앞서 배운 정중한 단정을 나타내는 です와 동일하게 활용을 합니다.

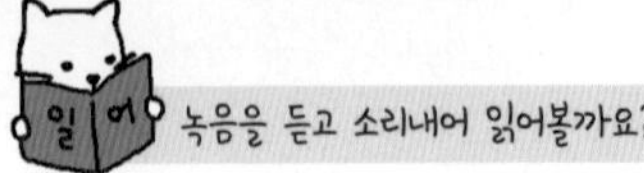

녹음을 듣고 소리내어 읽어볼까요?

이 레스토랑은 조용하지 않습니다.

このレストランは静(しず)かではありません。

고노 레스토랑와 시즈까데와 아리마셍

고기요리는 좋아하지 않습니다.

肉料理(にくりょうり)は好(す)きじゃありません。

니꾸료-리와 스끼쟈 아리마셍

저 학생은 착실하지 않습니다.

あの学生(がくせい)はまじめではありません。

아노 각세-와 마지메데와 아리마셍

저 가수는 유명하지 않습니까?

あの歌手(かしゅ)は有名(ゆうめい)ではありませんか。

아노 카슈와 유-메-데와 아리마셍까

이 스웨터는 화려하지 않습니까?

このセーターは派手(はで)じゃありませんか。

고노 세-타-와 하데쟈 아리마셍까

그 사람은 그다지 친절하지 않습니까?

あの人(ひと)はあまり親切(しんせつ)じゃありませんか。

아노 히또와 아마리 신세쯔쟈 아리마셍까

---

09 대화 다시듣기

A: 이 넥타이는 어떻습니까? □□□

B: 좋군요. 하지만 좀 화려하지 않습니까?

(형용동사)~でした

~했습니다

A: 吉村(よしむら)さんの部屋(へや)はきれいでしたか。

요시무라산노 헤야와 기레-데시다까

요시무라 씨 방은 깨끗했습니까?

B: はい、とてもきれいでした。

하이, 도떼모 기레-데시다

네, 무척 깨끗했습니다.

명사에서 단정을 나타내는 ~です와 마찬가지로 형용동사의 정중 표현인 ~です의 과거형도 ~でした가 됩니다. 즉, 형용동사의 어간에 ~でした를 접속하면 '~했습니다'의 뜻이 됩니다. 이처럼 일본어 형용동사는 명사에 접속하여 단정을 나타내는 ~です와 동일하게 활용을 하지만, 뒤의 명사를 수식하는 경우에만 다르며, 질문이나 의문을 나타낼 때는 か를 접속합니다.

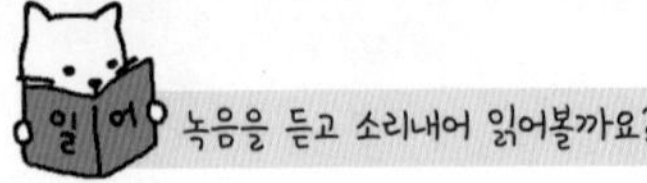

녹음을 듣고 소리내어 읽어볼까요?

시골 할머니는 건강했습니다.

田舎(いなか)の祖母(そぼ)は元気(げんき)でした。

이나까노 소보와 겡끼데시다

거기는 교통이 불편했습니다.

あそこは交通(こうつう)が不便(ふべん)でした。

아소꼬와 고-쓰-가 후벤데시다

나카무라 선생님은 친절했습니다.

中村先生(なかむらせんせい)は親切(しんせつ)でした。

나까무라 센-세-와 신세-쯔데시다

기무라 씨 아파트는 깨끗했습니까?

木村(きむら)さんのアパートはきれいでしたか。

기무라산노 아파-토와 기레-데시다까

그 주택가는 조용했습니까?

あの住宅街(じゅうたくがい)は静(しず)かでしたか。

아노 쥬-따꾸가이와 시즈까데시다까

은행까지의 교통은 편리했습니까?

銀行(ぎんこう)までの交通(こうつう)は便利(べんり)でしたか。

깅꼬-마데노 고-쓰-와 벤리데시다까

♪ 09 대화 다시듣기

A: 요시무라 씨 방은 깨끗했습니까?

B: 네, 무척 깨끗했습니다.

□ □ □

(형용동사)~ではありませんでした

~하지 않았습니다

A: あの公園(こうえん)はきれいでしたか。

아노 코-엥와 기레-데시다까

그 공원은 깨끗했습니까?

B: いいえ、あんまりきれいではありませんでした。

이-에, 암마리 기레-데와 아리마센데시다

아니오, 별로 깨끗하지 않았습니다.

학습포인트!

형용동사의 정중한 부정형인 ~ではありません(~하지 않습니다)의 경우도 부정과거를 나타낼 때는 ~でした를 접속한 ~ではありませんでした(~하지 않았습니다)로 표현합니다. 회화에서는 줄여서 ~じゃありませんでした로도 쓰이며, 두 가지 이상의 상태를 부정할 때는 조사 も를 접속한 ~でも~でもありません(~하지도 ~하지도 않습니다)로 표현할 수 있습니다.

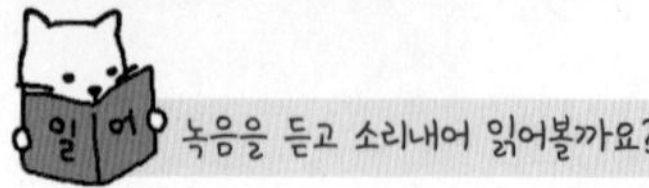

미술관은 조용하지 않았습니다.

美術館(びじゅつかん)は静(しず)かではありませんでした。

비쥬-쓰깡와 시즈까데와 아리마센데시다

저 연예인은 그다지 유명하지 않았습니다.

あの芸能人(げいのうじん)はあまり有名(ゆうめい)ではありませんでした。

아노 게-노-징와 아마리 유-메-데와 아리마센데시다

그 사람은 친절하지 않았습니다.

あの人(ひと)は親切(しんせつ)じゃありませんでした。

아노 히또와 신세쯔쟈 아리마센데시다

그 상가는 붐비지 않았습니까?

あの商店街(しょうてんがい)はにぎやかではありませんでしたか。

아노 쇼-뗑가이와 니기야까데와 아리마센데시다까

옛날에 이 공원은 깨끗하지 않았습니까?

昔(むかし)、この公園(こうえん)はきれいじゃありませんでしたか。

무까시, 고노 코-엥와 기레-쟈 아리마센데시다까

역까지의 교통은 편리하지 않았습니까?

駅(えき)までの交通(こうつう)は便利(べんり)じゃありませんでしたか。

에끼마데노 고-쓰-와 벤리쟈 아리마센데시다까

10 대화 다시듣기

A: 그 공원은 깨끗했습니까? □ □ □

B: 아니오, 별로 깨끗하지 않았습니다.

PART
03

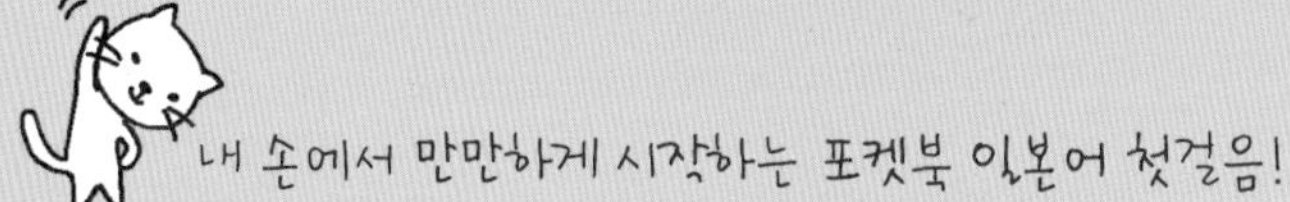
내 손에서 만만하게 시작하는 포켓북 일본어 첫걸음!

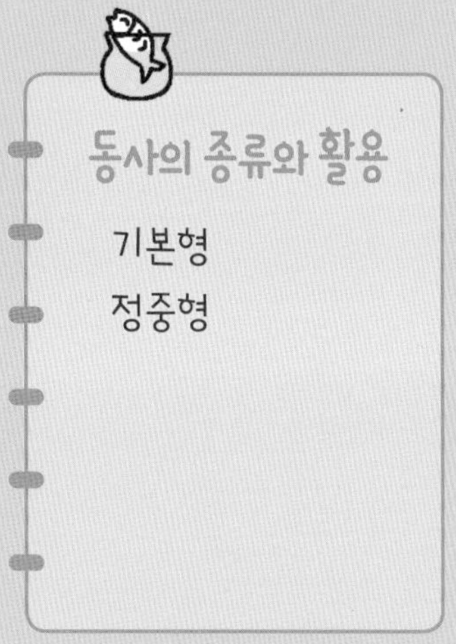
동사의 종류와 활용
기본형
정중형

일본어 동사는 단독으로 술어가 되고, 사물의 동작이나 상태, 작용, 존재를 나타내며, 어미가 다른 말에 접속할 때 활용을 합니다. 그 특징을 보면 다음과 같습니다.

1. 일본어 동사는 우리말과 달리 의미로 분류하지 않고, 어미의 형태로 분류합니다.
2. 모든 동사의 어미는 **う**단으로 끝나며 9가지(**う**, **く**, **ぐ**, **す**, **つ**, **ぬ**, **ぶ**, **む**, **る**)가 있습니다.
3. 모든 동사가 규칙적으로 정격활용을 하고, 불규칙적으로 활용하는 변격동사는 2가지(**くる** 오다, **する** 하다) 뿐입니다.

1 동사의 종류

(1) 5단동사

5단동사는 어미가 う, く, ぐ, す, つ, ぬ, ぶ, む, る로 모두 9가지입니다.

泣(な)く 울다	**泳(およ)ぐ** 헤엄치다	**話(はな)す** 이야기하다
買(か)う 사다	**待(ま)つ** 기다리다	**ある** 있다
死(し)ぬ 죽다	**読(よ)む** 읽다	**遊(あそ)ぶ** 놀다

(2) 1단동사

상1단동사는 어미가 위의 5단동사와는 달리 **る** 하나뿐이며, 어미 바로 앞의 음절이 **い**단과 **え**단에 속한 것을 말합니다.

▶ る 바로 앞 음절이 い단에 속한 동사

見る(み) 보다　起きる(お) 일어나다　いる 있다

生きる(い) 살다　似る(に) 닮다　落ちる(お) 떨어지다

▶ る 바로 앞 음절이 え단에 속한 동사

出る(で) 나오다　開ける(あ) 열다　寝る(ね) 잠자다

食べる(た) 먹다　閉める(し) 닫다　分ける(わ) 나누다

(3) 변격동사

앞서 본 5단동사나 1단동사처럼 정격활용을 하지 않고 변격동사 활용을 하는 동사는 아래 두 개뿐입니다.

来る(く) 오다　する 하다

2 동사의 활용

▶ 기본형

동사는 그 자체로 문장을 끝맺기도 하고, 뒤의 명사를 수식할 때도 기본형 상태를 취합니다. 우리말에서는 뒤에 명사가 오면 동사의 어미가 변하지만 일본어에서는 기본형 상태를 취합니다.

学校へ行く。학교에 가다.　学校へ行く日 학교에 가는 날

▶ 정중형

동사의 기본형은 보통체로 '~하다'의 뜻이지만, **ます**를 접속하면 '~합니다'의 뜻으로 동작이나 작용을 정중하게 표현합니다. 또한, 질문을 할 때는 종조사 **か**를 접속하면 됩니다.

기본형	의 미	부정형	의 미
行(い)く	가다	行きます	갑니다
泳(およ)ぐ	헤엄치다	泳ぎます	헤엄칩니다
待(ま)つ	기다리다	待ちます	기다립니다
乗(の)る	타다	乗ります	탑니다
言(い)う	말하다	言います	말합니다
読(よ)む	읽다	読みます	읽습니다
飛(と)ぶ	날다	飛びます	납니다
死(し)ぬ	죽다	死にます	죽습니다
話(はな)す	이야기하다	話します	이야기합니다
食(た)べる	먹다	食べます	먹습니다
来(く)る	오다	きます	옵니다
する	하다	します	합니다

(5단동사)~き·ぎ·します

~합니다

A: このバスはどこへ行(い)きますか。

고노 바스와 도꼬에 이끼마스까

이 버스는 어디에 갑니까?

B: このバスは動物園(どうぶつえん)へ行(い)きます。

고노 바스와 도-부쯔엥에 이끼마스

이 버스는 동물원에 갑니다.

학습포인트!

일본어 동사의 기본형 어미는 う단으로 끝나며, 9가지의 형태로 く ぐ う つ る ぬ ぶ む す가 있습니다. 동사의 종류는 어미의 형태에 따라 5단동사, 상1단동사, 하1단동사, 변격동사로 구분하는데 기본형 어미의 형태가 く ぐ う つ ぬ ぶ む す인 경우는 무조건 5단동사이며, 여기서 어미가 く ぐ す인 5단동사에 ます가 접속할 때는 어미 가 い단(き ぎ し)으로 변합니다.

읽어 녹음을 듣고 소리내어 읽어볼까요?

라디오 뉴스를 듣습니다.

ラジオのニュースを聞(き)きます。

라지오노 뉴-스오 기끼마스

도서관에서 리포트를 씁니다.

図書館(としょかん)でレポートを書(か)きます。

도쇼깐데 레포-토오 가끼마스

여름에는 바다에서 헤엄칩니다.

夏(なつ)は海(うみ)で泳(およ)ぎます。

나쯔와 우미데 오요기마스

겉옷을 벗겠습니까?

上着(うわぎ)を脱(ぬ)ぎますか。

우와기오 누기마스까

친구에게 그림엽서를 부칩니다.

友(とも)だちに絵(え)はがきを出(だ)します。

도모다찌니 에하가끼오 다시마스

당신은 일본어로 말합니까?

あなたは日本語(にほんご)で話(はな)しますか。

아나따와 니홍고데 하나시마스까

01 대화 다시듣기

A: 이 버스는 어디에 갑니까? ☐ ☐ ☐

B: 이 버스는 동물원에 갑니다.

(5단동사)~い·ち·ります

~합니다

A: このことばの意味(いみ)がわかりますか。

고노 고또바노 이미가 와까리마스까

이 말의 뜻을 알겠습니까?

B: はい、少(すこ)しわかります。

하이, 스꼬시 와까리마스

예, 조금 알겠습니다.

학습포인트!

일본어 동사의 기본형 어미는 う단으로 끝나며, 기본형 어미의 형태가 く ぐ う つ ぬ ぶ む す인 경우는 무조건 5단동사입니다. 5단동사 중 어미가 う つ る인 5단동사에 ます가 접속할 때는 어미가 い단(い ち り)으로 변합니다. ます는 です와 마찬가지로 정중한 뜻을 나타내며, 동사에 접속하여 우리말의 '~ㅂ니다'의 뜻을 나타냅니다. 질문할 때는 종조사 か를 접속합니다.

일어 녹음을 듣고 소리내어 읽어볼까요?

일본어 노래를 부릅니다.

にほんご　うた　うた
日本語の歌を歌います。
니홍고노 우따오 우따이마스

자신의 의견을 말합니다.

じぶん　いけん　い
自分の意見を言います。
지분노 이껭오 이이마스

키보드를 칩니다.

う
キーボードを打ちます。
키-보-도오 우찌마스

당신은 어디에서 기다리겠습니까?

ま
あなたはどこで待ちますか。
아나따와 도꼬데 마찌마스까

내 책은 가방 속에 있습니다.

ほん　なか
わたしの本はかばんの中にあります。
와따시노 홍와 가반노 나까니 아리마스

회사까지 버스를 탑니다.

かいしゃ　の
会社までバスに乗ります。
카이샤마데 바스니 노리마스

02 대화 다시듣기

A: 이 말의 뜻을 알겠습니까? □□□

B: 예, 조금 알겠습니다.

Unit 03 (5단동사)~に·み·びます

~합니다

A: あなたは何(なに)を飲(の)みますか。

아나따와 나니오 노미마스까

당신은 무엇을 마시겠습니까?

B: わたしは冷(つめ)たいコーラを飲(の)みます。

와따시와 쓰메따이 코-라오 노미마스

나는 차가운 콜라를 마시겠습니다.

학습포인트!

일본어 동사의 기본형 어미는 う단으로 끝나며, 기본형 어미의 형태가 く ぐ う つ ぬ ぶ む す인 경우는 무조건 5단동사입니다. 어미가 ぬ む ぶ인 5단동사에 ます가 접속할 때는 어미가 い단(に み び)으로 변합니다. ます는 단정을 나타내는 です와 마찬가지로 정중체입니다. 또한 を는 우리말의 '~을(를)'의 해당하는 조사로 동작의 목적을 나타냅니다.

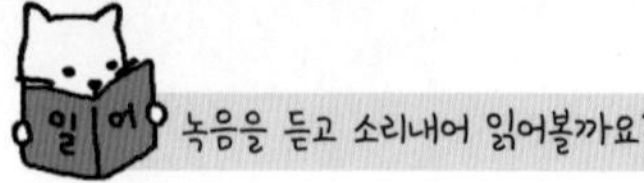

사람은 언젠가는 죽습니다.

人(ひと)はいつかは死(し)にます。

히또와 이츠까와 시니마스

매일 아침 신문을 읽습니다.

毎朝(まいあさ)、新聞(しんぶん)を読(よ)みます。

마이아사, 심붕오 요미마스

당신은 술을 마십니까?

あなたはお酒(さけ)を飲(の)みますか。

아나따와 오사께오 노미마스까

오늘은 회사를 쉽니까?

今日(きょう)は会社(かいしゃ)を休(やす)みますか。

쿄-와 카이샤오 야스미마스까

어머니가 어린이를 부릅니다.

お母(かあ)さんが子供(こども)を呼(よ)びます。

오까-상가 고도모오 요비마스

새가 하늘을 납니다.

鳥(とり)が空(そら)を飛(と)びます。

도리가 소라오 도비마스

A: 당신은 무엇을 마시겠습니까? □□□

B: 나는 차가운 콜라를 마시겠습니다.

(1단동사)~ます

~합니다

あさなんじ　お

A: あなたは朝何時に起きますか。

아나따와 아사 난지니 오끼마스까

당신은 아침 몇 시에 일어납니까?

あさ　じ　お

B: わたしは朝7時に起きます。

와따시와 아사 시찌지니 오끼마스

나는 아침 7시에 일어납니다.

학습포인트!

어미가 る로 끝나는 1단동사(어미 る 바로 앞 음절이 い단이나 え단에 속한 것)에 정중한 뜻을 나타내는 ます가 접속할 때는 어미 る가 탈락됩니다. 5단동사의 る는 ます가 접속할 때 り로 변하지만 1단동사의 경우는 る만 떼면 됩니다. 여기서 조사 に는 때를 나타내며 우리말의 '~에'에, 조사 で는 동작이 행해지는 장소를 나타내며 우리말의 '~에서'에 해당합니다.

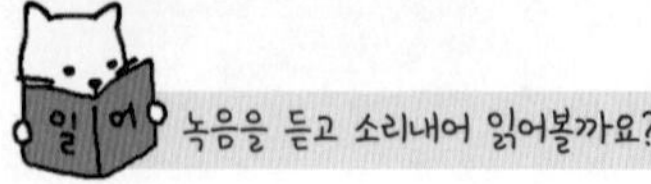

오늘은 새 옷을 입습니다.

きょう　あたら　ようふく　き
今日は新しい洋服を着ます。

코-와 아따라시- 요-후꾸오 기마스

당신은 몇 시에 일어납니까?

なんじ　お
あなたは何時に起きますか。

아나따와 난지니 오끼마스까

당신은 텔레비전 드라마를 봅니까?

み
あなたはテレビのドラマを見ますか。

아나따와 테레비노 도라마오 미마스까

당신은 밤늦게 잡니까?

よるおそ　ね
あなたは夜遅く寝ますか。

아나따와 요루오소꾸 네마스까

아침에는 빵을 먹습니다.

あさ　た
朝はパンを食べます。

아사와 팡오 다베마스

그는 학교에서 영어를 가르칩니다.

かれ　がっこう　えいご　おし
彼は学校で英語を教えます。

카레와 각꼬-데 에-고오 오시에마스

---

04 대화 다시듣기

A: 당신은 아침 몇 시에 일어납니까? □ □ □

B: 나는 아침 7시에 일어납니다.

(변격·예외동사)~ます

~합니다

A: あす、だれか来(き)ますか。

아스, 다레까 기마스까

내일, 누가 옵니까?

B: はい、ソウルからキムさんが来(き)ます。

하이, 서우루까라 기무상가 기마스

네, 서울에서 김씨가 옵니다,

학습포인트!

어미에 다른 말이 접속할 때 정격동사는 어간이 변하지 않지만, 변격동사인 くる(오다)와 する(하다)에 ます가 접속할 때는 어미 る가 탈락되고 어간이 き し로 변합니다. 이처럼 각기 접속하는 말에 따라 어간과 어미가 다르게 변하므로 그때그때 암기해 두어야 합니다. 조사 が는 동작의 주체를 나타낼 때 쓰이는 조사로 우리말의 '~이(가)'에 해당합니다.

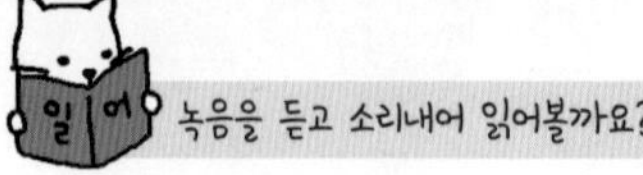

오늘은 일본에서 기무라 씨가 옵니다.

今日(きょう)は日本(にほん)から木村(きむら)さんが来(き)ます。

쿄-와 니홍까라 기무라상가 기마스

내일은 누가 옵니까?

あしたは誰(だれ)が来(き)ますか。

아시따와 다레가 기마스까

나는 매일 공부를 합니다.

わたしは毎日(まいにち)勉強(べんきょう)をします。

와따시와 마이니찌 벵꾜-오 시마스

누구와 골프를 합니다.

誰(だれ)とゴルフをしますか。

다레또 고루후오 시마스까

당신은 몇 시에 집에 돌아옵니까?

あなたは何時(なんじ)に家(いえ)に帰(かえ)りますか。

아나따와 난지니 이에니 가에리마스까

곧 전철이 들어옵니다.

まもなく電車(でんしゃ)が入(はい)ります。

마모나꾸 덴샤가 하이리마스

♪ 05 대화 다시듣기

A: 내일 누가 옵니까? □□□

B: 네, 서울에서 김씨가 옵니다.

(5단동사)~き・ぎ・しません

~하지 않습니다

A: このバスは博物館(はくぶつかん)へ行(い)きますか。

고노 바스와 하꾸부쯔깡에 이끼마스까

이 버스는 박물관에 갑니까?

B: いいえ、このバスは博物館(はくぶつかん)へ行(い)きません。

이-에, 고노 바스와 하꾸부쯔깡에 이끼마셍

아니오, 이 버스는 박물관에 가지 않습니다.

학습포인트!

기본형 어미의 형태가 く ぐ う つ ぬ ぶ む す인 경우는 무조건 5단동사입니다. 여기서 어미가 く ぐ す인 5단동사에 ます의 부정형인 ません이 접속할 때는 어미가 い단(き ぎ し)으로 변하며 '~하지 않습니다'의 뜻을 나타냅니다. へ는 방향을 나타낼 때 쓰이는 조사로 우리말의 '~에(으로)'에 해당하며, へ가 조사로 쓰일 때는 '헤'가 아니라 '에'로 발음해야 합니다.

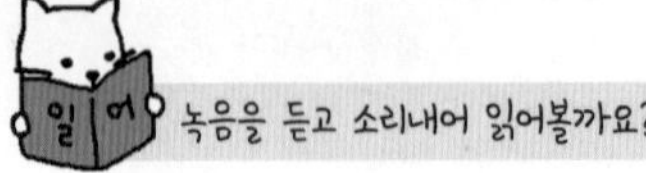

그는 라디오 뉴스를 듣지 않습니다.

彼(かれ)はラジオのニュースを聞(き)きません。

카레와 라지오노 뉴-스오 기끼마셍

오늘은 도서관에서 리포트를 쓰지 않습니다.

今日(きょう)は図書館(としょかん)でレポートを書(か)きません。

쿄-와 도쇼깐데 레포-토오 가끼마셍

여름에는 바다에서 헤엄치지 않습니다.

夏(なつ)は海(うみ)で泳(およ)ぎません。

나쯔와 우미데 오요기마셍

겉옷을 벗지 않겠습니까?

上着(うわぎ)を脱(ぬ)ぎませんか。

우와기오 누기마셍까

친구에게 그림엽서를 부치지 않습니다.

友(とも)だちに絵(え)はがきを出(だ)しません。

도모다찌니 에하가끼오 다시마셍

당신은 일본어로 말하지 않습니까?

あなたは日本語(にほんご)で話(はな)しませんか。

아나따와 니홍고데 하나시마셍까

06 대화 다시듣기

A: 이 버스는 박물관에 갑니까? □ □ □

B: 아니오, 이 버스는 박물관에 가지 않습니다.

학습일 / 

(5단동사)~い·ち·りません

~하지 않습니다

A: この日本語(にほんご)の意味(いみ)がわかりますか。

고노 니홍고노 이미가 와까리마스까

이 일본어 뜻을 알겠습니까?

B: いいえ、全然(ぜんぜん)わかりません。

이-에, 젠젱 와까리마셍

아니오, 전혀 모르겠습니다.

동사의 기본형 어미는 う단으로 끝나며, 기본형 어미의 형태가 く ぐ う つ ぬ ぶ む す인 경우는 무조건 5단동사입니다. 5단동사 중 어미가 う つ る인 5단동사에 ます의 부정형인 ません이 접속할 때는 어미 가 い단(い ち り)으로 변하며 '~하지 않습니다'의 뜻을 나타냅니다. '~을 타다'라고 할 때는 조사 を를 쓰지 않고 타는 것의 대상물 뒤에 ~に乗る로 표현합니다.

일어 녹음을 듣고 소리내어 읽어볼까요?

일본어 노래를 부르지 않습니다.

日本語(にほんご)の歌(うた)を歌(うた)いません。

니홍고노 우따오 우따이마셍

백화점에서는 아무 것도 사지 않습니까?

デパートでは何(なに)も買(か)いませんか。

데파-토데와 나니모 가이마셍까

키보드를 치지 않습니다.

キーボードを打(う)ちません。

키-보-도오 우찌마셍

나는 역전에서 기다리지 않겠습니다.

わたしは駅前(えきまえ)で待(ま)ちません。

와따시와 에끼마에데 마찌마셍

내 책은 가방 속에 없습니다.

わたしの本(ほん)はかばんの中(なか)にありません。

와따시노 홍와 가반노 나까니 아리마셍

회사까지 버스를 타지 않습니다.

会社(かいしゃ)までバスに乗(の)りません。

카이샤마데 바스니 노리마셍

07 대화 다시듣기

A: 이 일본어 뜻을 알겠습니까?

B: 아니오, 전혀 모르겠습니다.

□ □ □

(5단동사)~に·み·びません

~하지 않습니다

A: 冷(つめ)たいコーラを飲(の)みませんか。

쓰메따이 코-라오 노미마셍까

차가운 콜라를 마시지 않겠습니까?

B: そうですね。私(わたし)は熱(あつ)いコーヒーを飲(の)みます。

소-데스네. 와따시와 아쯔이 코-히오 노미마스

글쎄요. 저는 뜨거운 커피를 마시겠습니다.

학습포인트!

5단동사 중 어미의 형태가 ぬ む ぶ인 경우에 정중한 뜻을 나타내는 ます의 부정형 ません이 접속할 때도 어미가 い단(に み び)으로 변하여 '~하지 않습니다'의 뜻을 나타냅니다. 일본어 동사에 접속하는 ます는 '~합니다'의 뜻 이외에 '~하겠습니다' 뜻으로 동작의 의지를 나타내기도 합니다. ません도 마찬가지로 '~하지 않겠습니다'의 뜻을 나타내기도 합니다.

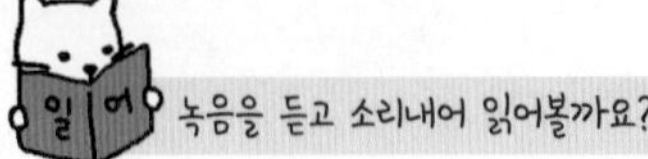

저 고목은 좀처럼 죽지 않습니다.

こぼく　し

あの枯木はなかなか死にません。

아노 고보꾸와 나까나까 시니마셍

매일 아침 신문을 읽지 않습니다.

まいあさ　しんぶん　よ

毎朝、新聞を読みません。

마이아사, 심붕오 요미마셍

당신은 술을 마시지 않습니까?

さけ　の

あなたはお酒を飲みませんか。

아나따와 오사께오 노미마셍까

내일 회사는 쉬지 않습니까?

かいしゃ　やす

あした会社は休みませんか。

아시따 카이샤와 야스미마셍까

어머니가 아이와 놀지 않습니다.

かあ　こども　あそ

お母さんが子供と遊びません。

오까-상가 고도모또 아소비마셍

저 새는 하늘을 날지 않습니다.

とり　そら　と

あの鳥は空を飛びません。

아노 토리와 소라오 도비마셍

---

08 대화 다시듣기

A: 차가운 콜라를 마시지 않겠습니까?

B: 글쎄요. 저는 뜨거운 커피를 마시겠습니다.

□ □ □

(1단동사)~ません

~하지 않습니다

A: あなたは朝早(あさはや)く起(お)きますか。

아나따와 아사 하야꾸 오끼마스까

당신은 아침 일찍 일어납니까?

B: いいえ、朝早(あさはや)く起(お)きません。
8時(じ)に起(お)きます。

이-에, 아사하야꾸 오끼마셍. 하찌지니 오끼마스

아니오, 아침 일찍 일어나지 않습니다.
8시에 일어납니다.

학습포인트!

어미가 る로 끝나는 1단동사(어미 る 바로 앞 음절이 い단이나 え단에 속한 것)에 ます의 부정형 ません이 접속할 때도 어미 る가 탈락되어 '~하지 않습니다' 또는 '~하지 않겠습니다'의 뜻을 나타냅니다. 여기서 朝早く(아침 일찍)나 夜遅く(밤늦게)처럼 형용사 早い(이르다)와 遅い(늦다)가 부사적으로 쓰일 때는 형용사 어미 い가 く로 바뀝니다.

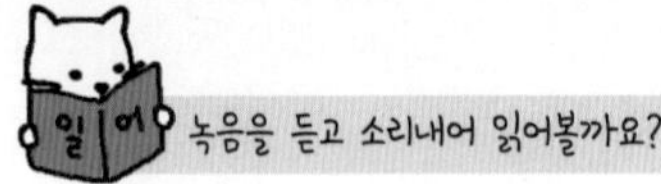

오늘은 새 옷을 입지 않습니다.

今日(きょう)は新(あたら)しい洋服(ようふく)を着(き)ません。

쿄-와 아따라시- 요-후꾸오 기마셍

당신은 아침 일찍 일어나지 않습니까?

あなたは朝早(あさはや)く起(お)きませんか。

아나따와 아사하야꾸 오끼마셍까

당신은 텔레비전 드라마를 보지 않습니까?

あなたはテレビのドラマを見(み)ませんか。

아나따와 테레비노 도라마오 미마셍까

당신은 밤늦게까지 자지 않습니까?

あなたは夜遅(よるおそ)くまで寝(ね)ませんか。

아나따와 요루오소꾸마데 네마셍까

아침에는 빵을 먹지 않습니다.

朝(あさ)はパンを食(た)べません。

아사와 팡오 다베마셍

그는 학교에서 영어를 가르치지 않습니다.

彼(かれ)は学校(がっこう)で英語(えいご)を教(おし)えません。

카레와 각꼬-데 에-고오 오시에마셍

---

09 대화 다시듣기

A: 당신은 아침 일찍 일어납니까? □ □ □

B: 아니오, 아침 일찍 일어나지 않습니다. 8시에 일어납니다.

(변격・예외동사)~ません

~하지 않습니다

A: あす、だれか来(き)ませんか。

아스, 다레까 기마셍까

내일 누군가 오지 않습니까?

B: はい、日本(にほん)から山田(やまだ)さんが来(き)ます。

하이, 니홍까라 야마다상가 기마스

네, 일본에서 야마다 씨가 옵니다.

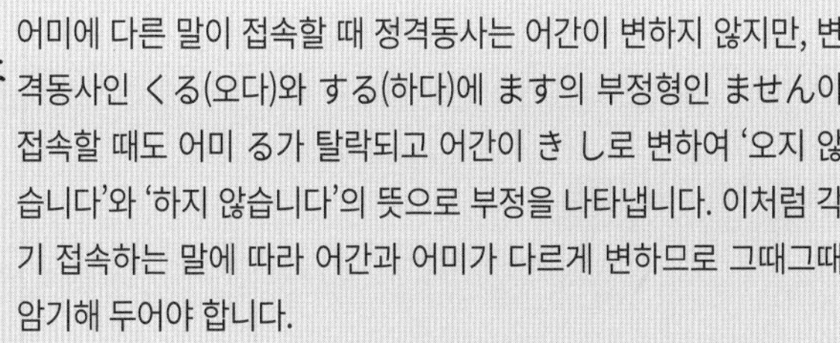

어미에 다른 말이 접속할 때 정격동사는 어간이 변하지 않지만, 변격동사인 くる(오다)와 する(하다)에 ます의 부정형인 ません이 접속할 때도 어미 る가 탈락되고 어간이 き し로 변하여 '오지 않습니다'와 '하지 않습니다'의 뜻으로 부정을 나타냅니다. 이처럼 각기 접속하는 말에 따라 어간과 어미가 다르게 변하므로 그때그때 암기해 두어야 합니다.

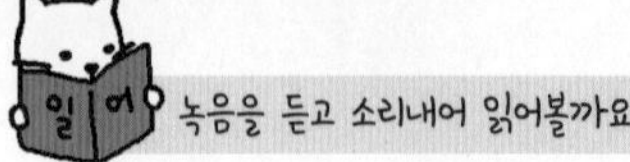

녹음을 듣고 소리내어 읽어볼까요?

일본에서 기무라 씨는 오지 않습니다.

日本(にほん)から木村(きむら)さんは来(き)ません。

니홍까라 기무라상와 기마셍

내일은 누군가 오지 않습니까?

あしたは誰(だれ)か来(き)ませんか。

아시따와 다레까 기마셍까

나는 매일 공부를 하지 않습니다.

わたしは毎日(まいにち)勉強(べんきょう)をしません。

와따시와 마이니찌 벵꾜-오 시마셍

오늘은 골프를 하지 않습니까?

今日(きょう)はゴルフをしませんか。

쿄-와 고루후오 시마셍까

오늘은 집에 돌아가지 않습니까?

今日(きょう)は家(いえ)に帰(かえ)りませんか。

쿄-와 이에니 가에리마셍까

나는 그 클럽에 들어가지 않겠습니다.

わたしはあのクラブに入(はい)りません。

와따시와 아노 쿠라부니 하이리마셍

10 대화 다시듣기

A: 내일 누군가 오지 않습니까? □ □ □

B: 네, 일본에서 야마다 씨가 옵니다.

(5단동사)~き・ぎ・しました

~했습니다

A: あなたはきのうどこへ行(い)きましたか。

아나따와 기노- 도꼬에 이끼마시다까

당신은 어제 어디에 갔습니까?

B: 友(とも)だちと動物園(とうぶつえん)へ行(い)きました。

도모다찌또 도-부쯔엥에 이끼마시다

친구와 동물원에 갔습니다.

학습포인트!

기본형 어미의 형태가 く ぐ う つ ぬ ぶ む す인 경우는 무조건 5단동사로, 어미가 く ぐ す인 5단동사에 ます의 과거형인 ました가 접속할 때도 어미가 い단(き ぎ し)으로 변하며 '~했습니다'의 뜻으로 과거나 완료를 나타냅니다. 조사 で는 동작이 행해지는 장소를 나타낼 때는 '~에서'의 뜻이 되며, 수단이나 방법을 나타낼 때는 '~으로'의 뜻이 됩니다.

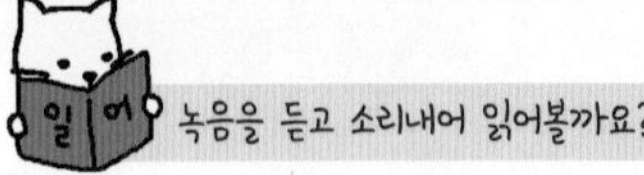

라디오 뉴스를 들었습니다.

ラジオのニュースを聞(き)きました。

라지오노 뉴-스오 기끼마시다

도서관에서 리포트를 썼습니다.

図書館(としょかん)でレポートを書(か)きました。

도쇼깐데 레포-토오 가끼마시다

여름에는 바다에서 헤엄쳤습니다.

夏(なつ)は海(うみ)で泳(およ)ぎました。

나쯔와 우미데 오요기마시다

방 안에서 겉옷을 벗었습니까?

部屋(へや)の中(なか)で上着(うわぎ)を脱(ぬ)ぎましたか。

헤야노 나까데 우와기오 누기마시다까

친구에게 그림엽서를 부쳤습니다.

友(とも)だちに絵(え)はがきを出(だ)しました。

도모다찌니 에하가끼오 다시마시다

당신은 일본어로 말했습니까?

あなたは日本語(にほんご)で話(はな)しましたか。

아나따와 니홍고데 하나시마시다까

11 대화 다시듣기

A: 당신은 어제 어디에 갔습니까?

B: 친구와 동물원에 갔습니다.

□ □ □

(5단동사)~い・ち・りました

~했습니다

A: きのうデパートで何(なに)を買(か)いましたか。

기노- 데파-토데 나니오 가이마시다까

어제 백화점에서 무엇을 샀습니까?

B: シャツとズボンを買(か)いました。

샤쓰또 즈봉오 가이마시다

셔츠와 바지를 샀습니다.

학습포인트!

동사의 기본형 어미는 う단으로 끝나며, 기본형 어미의 형태가 く ぐ う つ ぬ ぶ む す인 경우는 무조건 5단동사입니다. 5단동사 중 어미가 う つ る인 5단동사에 ます의 과거형인 ました가 접속할 때도 어미가 い단(い ち り)으로 변하며 '~했습니다'의 뜻으로 과거나 완료를 나타냅니다. までは '~까지'의 뜻으로 から(부터)와 함께 시작과 끝을 나타냅니다.

일 어 녹음을 듣고 소리내어 읽어볼까요?

일본어 노래를 불렀습니다.

にほんご　うた　うた
日本語の歌を歌いました。
니홍고노 우따오 우따이마시다

자신의 의견을 말했습니다.

じぶん　いけん　い
自分の意見を言いました。
지분노 이껭오 이이마시다

키보드를 쳤습니다.

う
キーボードを打ちました。
키-보-도오 우찌마시다

당신은 어디에서 기다렸습니까?

ま
あなたはどこで待ちましたか。
아나따와 도꼬데 마찌마시다까

내 책은 가방 속에 있었습니다.

ほん　なか
わたしの本はかばんの中にありました。
와따시노 홍와 가반노 나까니 아리마시다

회사까지 버스를 탔습니다.

かいしゃ　の
会社までバスに乗りました。
카이샤마데 바스니 노리마시다

12 대화 다시듣기

A: 어제 백화점에서 무엇을 샀습니까? □ □ □

B: 셔츠와 바지를 샀습니다.

(5단동사)~に・み・びました

~했습니다

A: あなたは何(なに)を飲(の)みましたか。

아나따와 나니오 노미마시다까

당신은 무엇을 마셨습니까?

B: わたしは冷(つめ)たいコーラを飲(の)みました。

와따시와 쓰메따이 코-라오 노미마시다

나는 차가운 콜라를 마셨습니다.

동사의 기본형 어미는 う단으로 끝나며, 기본형 어미의 형태가 く ぐ う つ ぬ ぶ む す인 경우는 무조건 5단동사로 그 중 어미의 형태가 ぬ む ぶ인 경우에 정중한 뜻을 나타내는 ます의 과거형 ました가 접속할 때도 어미가 い단(に み び)으로 변하여 '~했습니다'의 뜻으로 과거나 완료를 나타냅니다. 참고로 어미가 ぬ인 동사는 死ぬ(죽다) 하나밖에 없습니다.

일어 녹음을 듣고 소리내어 읽어볼까요?

귀여운 개가 죽었습니다.

かわいい犬(いぬ)が死(し)にました。

가와이- 이누가 시니마시다

매일 아침 신문을 읽었습니다.

毎朝(まいあさ)、新聞(しんぶん)を読(よ)みました。

마이아사, 심붕오 요미마시다

당신은 어젯밤 술을 마셨습니까?

あなたはゆうべお酒(さけ)を飲(の)みましたか。

아나따와 유-베 오사께오 노미마시다까

어제는 회사를 쉬었습니까?

きのうは会社(かいしゃ)を休(やす)みましたか。

키노-와 카이샤오 야스미마시다까

어머니가 아이를 불렀습니다.

お母(かあ)さんが子供(こども)を呼(よ)びました。

오까-상가 고도모오 요비마시다

새가 하늘을 날았습니다.

鳥(とり)が空(そら)を飛(と)びました。

도리가 소라오 도비마시다

13 대화 다시듣기

A: 당신은 무엇을 마셨습니까? □ □ □

B: 나는 차가운 콜라를 마셨습니다.

(1단동사)~ました

~했습니다

A: 今朝(けさ)、何(なに)を食(た)べましたか。

케사, 나니오 다베마시다까

오늘 아침에 무엇을 먹었습니까?

B: ミルクとパンを食(た)べました。

미루쿠또 팡오 다베마시다

우유와 빵을 먹었습니다.

학습포인트!

어미가 る인 1단동사(어미 る 바로 앞 음절이 い단이나 え단에 속한 것)에 ます의 과거형 ました가 접속할 때도 어미 る가 탈락되어 '~했습니다'의 뜻으로 과거나 완료를 나타냅니다. る 바로 앞 음절이 い단에 속한 1단동사로는 見る(보다), 起きる(일어나다) 등이 있으며, る 바로 앞 음절이 え단에 속한 1단동사로는 寝る(자다), 食べる(먹다) 등이 있습니다.

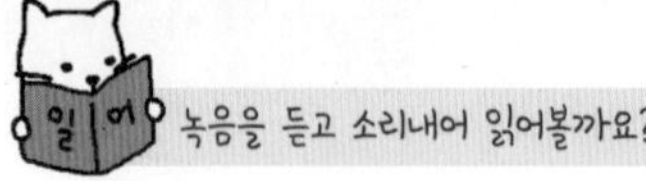

녹음을 듣고 소리내어 읽어볼까요?

오늘은 새 옷을 입었습니다.

今日(きょう)は新(あたら)しい洋服(ようふく)を着(き)ました。

쿄-와 아따라시- 요-후꾸오 기마시다

당신은 몇 시에 일어났습니까?

あなたは何時(なんじ)に起(お)きましたか。

아나따와 난지니 오끼마시다까

당신은 텔레비전 드라마를 보았습니까?

あなたはテレビのドラマを見(み)ましたか。

아나따와 테레비노 도라마오 미마시다까

당신은 밤늦게 잤습니까?

あなたは夜遅(よるおそ)く寝(ね)ましたか。

아나따와 요루오소꾸 네마시다까

아침에는 빵을 먹었습니다.

朝(あさ)はパンを食(た)べました。

아사와 팡오 다베마시다

그는 학교에서 영어를 가르쳤습니다.

彼(かれ)は学校(がっこう)で英語(えいご)を教(おし)えました。

카레와 각꼬-데 에-고오 오시에마시다

14 대화 다시듣기

A: 오늘 아침에 무엇을 먹었습니까? □ □ □

B: 우유와 빵을 먹었습니다.

(변격・예외동사)~ました

~했습니다

A: きのう、だれか来(き)ましたか。

기노-, 다레까 기마시다까

어제 누군가 왔습니까?

B: はい、東京(とうきょう)から吉村(よしむら)さんが来(き)ました。

하이, 도-꾜-까라 요시무라상가 기마시다

네, 도쿄에서 요시무라 씨가 왔습니다.

학습포인트!

어미에 다른 말이 접속할 때 정격동사는 어간이 변하지 않지만, 변격동사인 くる(오다)와 する(하다)에 ます의 과거형인 ました가 접속할 때도 어미 る가 탈락되고 어간이 き し로 변하여 '왔습니다'와 '했습니다'의 뜻으로 과거나 완료를 나타냅니다. 조사 に는 존재하는 장소(~에)나 때(~에)를 나타낼 때도 쓰이지만 '~에(으로)'의 뜻으로 방향을 나타내기도 합니다.

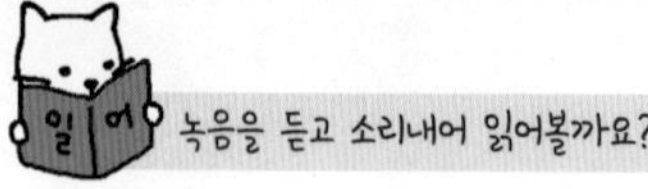

녹음을 듣고 소리내어 읽어볼까요?

일본에서 기무라 씨가 왔습니다.

にほん　きむら　き
日本から木村さんが来ました。
니홍까라 기무라상가 기마시다

어제 누가 왔습니까?

だれ　き
きのう誰が来ましたか。
기노- 다레가 기마시다까

나는 매일 공부를 했습니다.

まいにちべんきょう
わたしは毎日勉強をしました。
와따시와 마이니찌 벵꾜-오 시마시다

오늘은 누구와 골프를 했습니까?

きょう　だれ
今日は誰とゴルフをしましたか。
쿄-와 다레또 고루후오 시마시다까

당신은 몇 시에 집에 돌아갔습니까?

なんじ　いえ　かえ
あなたは何時に家に帰りましたか。
아나따와 난지니 이에니 가에리마시다까

플랫폼으로 전철이 들어왔습니다.

でんしゃ　はい
プラットホームへ電車が入りました。
푸랏토호-무에 덴샤가 하이리마시다

---

15 대화 다시듣기

A: 어제 누군가 왔습니까? □ □ □

B: 네, 도쿄에서 요시무라 씨가 왔습니다.

(5단동사)~き・ぎ・しませんでした

~하지 않았습니다

A: あなたはきのう公園(こうえん)へ行(い)きましたか。

아나따와 기노- 코-엥에 이끼마시다까

당신은 어제 공원에 갔습니까?

B: いいえ、きのうはどこへも行(い)きませんでした。

이-에, 기노-와 도꼬에모 이끼마센데시다

아니오, 어제는
아무 데도 가지 않았습니다.

학습포인트!

기본형 어미의 형태가 く ぐ.う つ ぬ ぶ む す인 경우는 무조건 5단동사로 어미가 く ぐ す인 5단동사에 ます의 부정형인 ません에 でした가 접속한 ませんでした가 접속할 때도 어미가 い단(き ぎ し)으로 변하며 '~하지 않았습니다'의 뜻으로 부정과거를 나타냅니다. 行く(가다), 書く(쓰다), 泳ぐ(헤엄치다), 脱ぐ(벗다), 話す(이야기하다), 出す(내다)

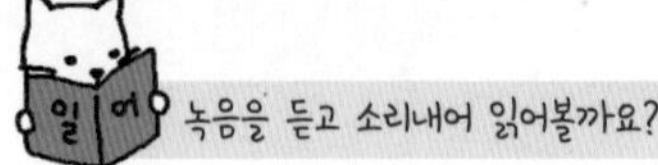

라디오 뉴스를 듣지 않았습니다.

ラジオのニュースを聞(き)きませんでした。

라지오노 뉴-스오 기끼마센데시다

도서관에서 리포트를 쓰지 않았습니다.

図書館(としょかん)でレポートを書(か)きませんでした。

도쇼깐데 레포-토오 가끼마센데시다

여름에는 바다에서 헤엄치지 않았습니다.

夏(なつ)は海(うみ)で泳(およ)ぎませんでした。

나쯔와 우미데 오요기마센데시다

겉옷을 벗지 않았습니까?

上着(うわぎ)を脱(ぬ)ぎませんでしたか。

우와기오 누기마센데시다까

친구에게 그림엽서를 부치지 않았습니다.

友(とも)だちに絵(え)はがきを出(だ)しませんでした。

도모다찌니 에하가끼오 다시마센데시다

당신은 일본어로 말하지 않았습니까?

あなたは日本語(にほんご)で話(はな)しませんでしたか。

아나따와 니홍고데 하나시마센데시다까

16 대화 다시듣기

A: 당신은 어제 공원에 갔습니까?

B: 아니오, 어제는 아무데도 가지 않았습니다.

(5단동사)~い·ち·りませんでした

~하지 않습니다

A: この日本語(にほんご)の意味(いみ)がわかりましたか。

고노 니홍고노 이미가 와까리마시다까

이 일본어 뜻을 알았습니까?

B: いいえ、全然(ぜんぜん)わかりませんでした。

이-에, 젠젱 와까리마센데시다

아니오, 전혀 몰랐습니다.

기본형 어미의 형태가 く ぐ う つ ぬ ぶ む す인 경우는 무조건 5단동사입니다. 어미가 う つ る인 5단동사에 ます의 부정형인 ません에 でした가 접속한 ませんでした가 접속할 때도 어미가 い단(い ち り)으로 변하며 '~~하지 않았습니다'의 뜻으로 부정과거를 나타냅니다. 言う(말하다), 歌う(노래하다), 待つ(기다리다), 立つ(서다), ある(있다), 乗る(타다)

일어 녹음을 듣고 소리내어 읽어볼까요?

일본어 노래를 부르지 않았습니다.

日本語(にほんご)の歌(うた)を歌(うた)いませんでした。

니홍고노 우따오 우따이마센데시다

백화점에서는 아무 것도 사지 않았습니까?

デパートでは何(なに)も買(か)いませんでしたか。

데파-토데와 나니모 가이마센데시다까

키보드를 치지 않았습니다.

キーボードを打(う)ちませんでした。

키-보-도오 우찌마센데시다

나는 역전에서 기다리지 않았습니다.

わたしは駅前(えきまえ)で待(ま)ちませんでした。

와따시와 에끼마에데 마찌마센데시다

책은 가방 속에 없었습니다.

本(ほん)はかばんの中(なか)にありませんでした。

홍와 가반노 나까니 아리마센데시다

회사까지 버스를 타지 않았습니다.

会社(かいしゃ)までバスに乗(の)りませんでした。

카이샤마데 바스니 노리마센데시다

17 대화 다시듣기

A: 이 일본어 뜻을 알았습니까? □ □ □

B: 아니오, 전혀 몰랐습니다.

학습일 / 

(5단동사)~に·み·びませんでした

~하지 않았습니다

A: あなたは冷(つめ)たいコーラを飲(の)みませんでしたか。

아나따와 쓰메따이 코-라오 노미마센데시다까

당신은 차가운 콜라를 마시지 않았습니까?

B: はい、わたしは熱(あつ)いコーヒーを飲(の)みました。

하이, 와따시와 아쯔이 코-히-오 노미마시다

네, 저는 뜨거운 커피를 마셨습니다.

학습포인트!

기본형 어미의 형태가 く ぐ う つ ぬ ぶ む す인 경우는 무조건 5단동사로 그 중 어미의 형태가 ぬ む ぶ인 경우에 정중한 뜻을 나타내는 ます의 부정형인 ません에 でした가 접속한 ませんでしたが 접속할 때도 어미가 い단(に み び)으로 변하여 '~하지 않았습니다'의 뜻의 과거부정을 나타냅니다. 死ぬ(죽다), 読む(읽다), 飲む(마시다), 呼ぶ(부르다), 飛ぶ(날다)

일어 녹음을 듣고 소리내어 읽어볼까요?

저 고목은 아직 죽지 않았습니다.

あの枯木(こぼく)はまだ死(し)にませんでした。

아노 코보꾸와 마다 시니마센데시다

저 오늘 아침에는 신문을 읽지 않았습니다.

今朝(けさ)は新聞(しんぶん)を読(よ)みませんでした。

케사와 심붕오 요미마센데시다

당신은 술을 마시지 않았습니까?

あなたはお酒(さけ)を飲(の)みませんでしたか。

아나따와 오사께오 노미마센데시다까

어제 회사를 쉬지 않았습니까?

きのう会社(かいしゃ)を休(やす)みませんでしたか。

기노- 카이샤오 야스미마센데시다까

어머니는 아이와 놀지 않았습니다.

お母(かあ)さんは子供(こども)と遊(あそ)びませんでした。

오까-상와 고도모또 아소비마센데시다

저 새는 하늘을 날지 않았습니다.

あの鳥(とり)は空(そら)を飛(と)びませんでした。

아노 도리와 소라오 도비마센데시다

18 대화 다시듣기

A: 당신은 차가운 콜라를 마시지 않았습니까? □ □ □

B: 네, 저는 뜨거운 커피를 마셨습니다.

(1단동사)~ませんでした

~하지 않았습니다

A: あなたは朝早く起きませんでしたか。

아나따와 아사하야꾸 오끼마센데시다까

당신은 아침 일찍 일어나지 않았습니까?

B: はい、朝8時に起きました。

하이, 아사 하찌지니 오끼마시다

예, 아침 8시에 일어났습니다.

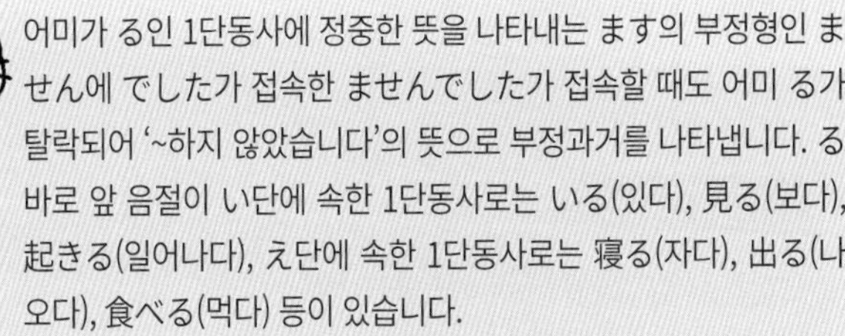

어미가 る인 1단동사에 정중한 뜻을 나타내는 ます의 부정형인 ません에 でした가 접속한 ませんでした가 접속할 때도 어미 る가 탈락되어 '~하지 않았습니다'의 뜻으로 부정과거를 나타냅니다. る 바로 앞 음절이 い단에 속한 1단동사로는 いる(있다), 見る(보다), 起きる(일어나다), え단에 속한 1단동사로는 寝る(자다), 出る(나오다), 食べる(먹다) 등이 있습니다.

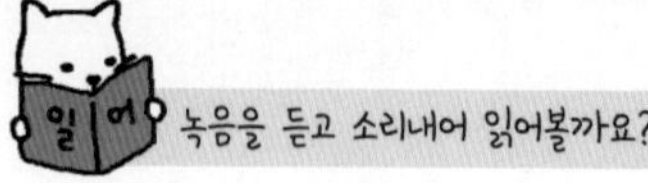

오늘은 새 옷을 입지 않았습니다.

今日(きょう)は新(あたら)しい洋服(ようふく)を着(き)ませんでした。

쿄-와 아따라시- 요-후꾸오 기마센데시다

당신은 아침 일찍 일어나지 않았습니까?

あなたは朝早(あさはや)く起(お)きませんでしたか。

아나따와 아사하야꾸 오끼마센데시다까

당신은 텔레비전 드라마를 보지 않았습니까?

あなたはテレビのドラマを見(み)ませんでしたか。

아나따와 테레비노 도라마오 미마센데시다까

당신은 밤늦게까지 자지 않았습니까?

あなたは夜遅(よるおそ)くまで寝(ね)ませんでしたか。

아나따와 요루오소꾸마데 네마센데시다까

아침에는 빵을 먹지 않았습니까?

朝(あさ)はパンを食(た)べませんでしたか。

아사와 팡오 다베마센데시다까

그는 학교에서 영어를 가르치지 않았습니다.

彼(かれ)は学校(がっこう)で英語(えいご)を教(おし)えませんでした。

카레와 각꼬-데 에-고오 오시에마센데시다

19 대화 다시듣기

A: 당신은 아침 일찍 일어나지 않았습니까? ☐ ☐ ☐

B: 예, 아침 8시에 일어났습니다.

(변격・예외동사)~ませんでした

~하지 않았습니다

A: きのう、テニスをしませんでしたか。

기노-, 테니스오 시마센데시다까

어제 테니스를 하지 않았습니까?

B: はい、何(なに)もしませんでした。うちで休(やす)みました。

하이, 나니모 시마센데시다. 우찌데 야스미마시다

예, 아무 것도 하지 않았습니다.
집에서 쉬었습니다.

학습포인트!

변격동사인 くる(오다)와 する(하다)에 동사를 정중하게 나타내는 ます의 부정과거형인 ませんでした(~하지 않았습니다)가 접속할 때도 어미 る가 탈락되고 어간이 き し로 변하여 '오지 않았습니다'와 '하지 않았습니다'의 뜻을 나타냅니다. 入る(들어가다), 帰る(오다) 등은 はいります(들어갑니다), かえります(돌아갑니다)처럼 5단활용을 하는 동사입니다.

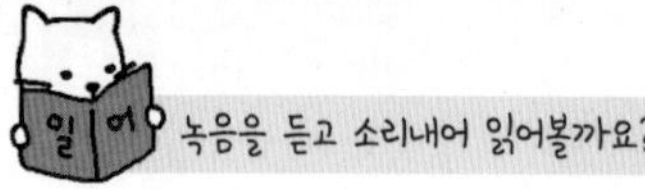

일본에서 기무라 씨는 오지 않았습니다.

日本(にほん)から木村(きむら)さんは来(き)ませんでした。

니홍까라 기무라상와 기마센데시다

오늘은 아무도 오지 않았습니까?

今日(きょう)はだれも来(き)ませんでしたか。

쿄-와 다레모 기마센데시다까

나는 매일 공부를 하지 않았습니다.

わたしは毎日勉強(まいにちべんきょう)をしませんでした。

와따시와 마이니찌 벵꾜-오 시마센데시다

오늘은 골프를 하지 않았습니까?

今日(きょう)はゴルフをしませんでしたか。

쿄-와 고루후오 시마센데시다까

그는 오늘도 집에 오지 않았습니까?

彼(かれ)は今日(きょう)も家(いえ)に帰(かえ)りませんでしたか。

카레와 쿄-모 이에니 가에리마센데시다까

나는 그 클럽에 들어가지 않았습니다.

わたしはあのクラブに入(はい)りませんでした。

와따시와 아노 쿠라부니 하이리마센데시다

♪ 20 대화 다시듣기

A: 어제 테니스를 하지 않았습니까? □ □ □

B: 예, 아무 것도 하지 않았습니다. 집에서 쉬었습니다.

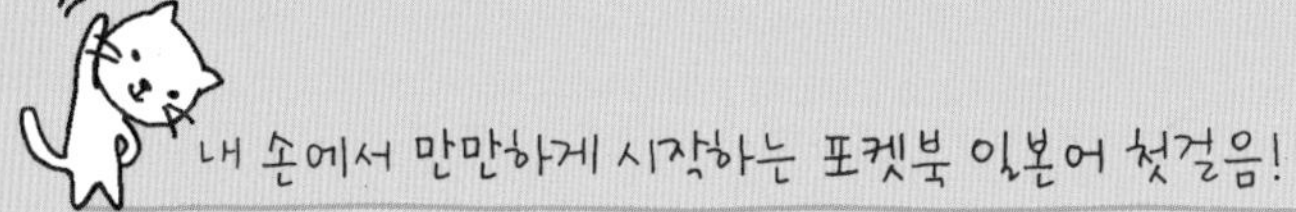

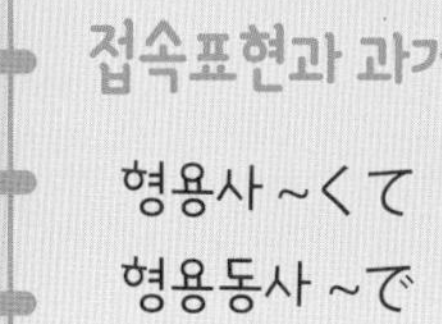

접속표현과 과거형

- 형용사 ~くて
- 형용동사 ~で
- 형용사~かった
- 형용동사~だった
- 동사의 ます형에 접속하는 표현

명사와 형용사, 형용동사의 접속표현

▶ 명사 ~で、 명사 ~です

で는 우리말의 '~이고, ~이며'에 해당하며, です의 중지형으로 성질이 다른 앞뒤의 문장을 나열해 주는 역할을 하기도 하고, 앞의 문장이 뒤의 문장의 원인이나 설명이 될 경우에도 쓰입니다.

기본형	의 미	접속형	의 미
学生(がくせい)だ	학생이다	学生で	학생이고(며)
先生(せんせい)だ	선생이다	先生で	선생이고(며)

▶ 형용사 ~くて

~くて는 형용사에 접속조사 て가 이어진 형태로 형용사의 기본형 어미 い가 く로 바뀐 것입니다. 이 때 ~くて는 앞의 형용사를 뒤의 말과 연결하거나 나열, 원인, 이유를 나타내기도 합니다. 우리말 해석은 '~하고, ~하며, ~해서' 등으로 합니다.

기본형	의 미	접속형	의 미
高(たか)い	높다	高くて	높고, 높아서
大(おお)きい	크다	大きくて	크고, 커서
寒(さむ)い	춥다	寒くて	춥고, 추워서

형용사의 어미 い가 く로 바뀌어 뒤에 용언(활용어)이 이어지면 '~하게'의 뜻으로 부사적인 용법으로 쓰입니다.

▶ 형용동사 ~で

で은 형용동사의 중지형으로 기본형 어미 だ가 で로 바뀐 형태입니다. で는 문장을 중지하거나 앞의 형용동사를 뒤의 문장과 연결할 때도 쓰이며, '~하고, ~하며, ~해서'의 뜻으로 나열, 원인, 이유, 설명을 나타냅니다.

기본형	의 미	접속형	의 미
静(しず)かだ	조용하다	静かで	조용하고, 조용해서
有名(ゆうめい)だ	유명하다	有名で	유명하고, 유명해서
好(す)きだ	좋아하다	好きで	좋아하고, 좋아해서

형용사와 형용동사의 과거형

1 형용사 과거형

형용사의 과거형은 기본형의 어미 い가 かっ으로 바뀌어 과거 · 완료를 나타내는 た가 접속된 かった의 형태를 취합니다.

기본형	의 미	과거형	의 미
高(たか)い	높다	高かった	높았다
大(おお)きい	크다	大きかった	컸다
寒(さむ)い	춥다	寒かった	추웠다
遠(とお)い	멀다	遠かった	멀었다

▶ 형용사 ~かったです

형용사의 과거형을 정중하게 표현할 때는 과거형에 です를 접속하면 됩니다. 형용사의 기본형에 です의 과거형인 でした를 접속하여 ~いでした로 정중한 과거형을 표현하기 쉬우나 이것은 틀린 표현으로 기본형의 과거형에 です를 접속하여 ~かったです로 표현해야 합니다.

2 형용동사의 과거형

형용동사의 과거형은 어미 だ를 だっ으로 바꾸고 과거 · 완료를 나타내는 た를 접속한 だった의 형태를 취합니다.

기본형	의 미	과거형	의 미
静(しず)かだ	조용하다	静かだった	조용했다
有名(ゆうめい)だ	유명하다	有名だった	유명했다
便利(べんり)だ	편리하다	便利だった	편리했다
好(す)きだ	좋아하다	好きだった	좋아했다

▶ 명사 ~だった

정중한 단정을 나타내는 です의 과거형은 でした이지만, 형용동사의 과거형과 마찬가지로 보통체인 だ의 과거형은 だった입니다.

동사의 ます형에 접속하는 표현

▶ ~やすい(にくい)

やすい는 동사의 중지형, 즉 ます가 접속하는 형태에 접속하여 그러한 동작이나 작용이 '~하기 쉽다, ~하기 편하다'의 뜻을 나타내며, 반대로 にくい는 '~하기 어렵다, ~하기 힘들다'의 뜻을 나타냅니다.

기본형	의 미	~やすい / ~にくい	의 미
飲(の)む	마시다	飲みやすい	마시기 편하다
書(か)く	쓰다	書きにくい	쓰기 힘들다

▶ ~に行く

동사의 중지형, 즉 ます가 접속되는 형태에 조사 に가 접속하면 '~하러'의 뜻으로 동작의 목적을 나타냅니다. 뒤에는 보통 行く(가다), 来る(오다), 帰る(돌아오다) 등 이동을 나타내는 동사가 옵니다.

기본형	의 미	~に行く	의 미
飲(の)む	마시다	飲みに行く	마시러 가다

見(み)る	보다	見に行く	보러 가다

▶ ~すぎる

동사에 ます가 접속되는 형태나 형용사와 형용동사는 어간에 すぎる가 접속되면 '너무(지나치게) ~하다'의 뜻으로 어떤 동작이나 상태가 도에 지나친 것을 나타냅니다.

기본형	의 미	～すぎる	의 미
飲(の)む	마시다	飲みすぎる	과음하다
高(たか)い	(값이) 비싸다	高すぎる	너무 비싸다
静(しず)かだ	조용하다	静かすぎる	너무 조용하다

▶ ~ながら

ながら는 동사의 중지형, 즉 ます가 이어지는 꼴에 접속하여 '~하면서'의 뜻으로 두 가지 이상의 동작이 동시에 일어남을 나타냅니다.

기본형	의 미	～ながら	의 미
飲(の)む	마시다	飲みながら	마시면서
書(か)く	쓰다	書きながら	쓰면서

▶ ~たい

たい는 ます가 접속되는 꼴에 연결되며 말하는 사람이나 상대방의 직접적인 희망을 나타내는 말로 우리말의 '~하고 싶다'에 해당합니다. 또 희망하는 대상물에는 조사 を보다 が를 쓰는 것이 일반적입니다. 또한, たい의 활용은 어미의 형태가 い이므로 형용사와 동일하게 활용합니다.

たがる는 ます가 접속되는 형태에 이어져 '~하고 싶어 하다'는 뜻으로 제3자의 희망 · 욕구를 나타내며, 활용은 5단동사와 동일합니다.

기본형	의 미	~たい	의 미
飲(の)む	마시다	飲みたい	마시고 싶다
食(た)べる	쓰다	食べたい	먹고 싶다

▶ ~に(く)なる

동사 なる는 '되다'라는 뜻으로 어떤 상태에서 다른 상태로 변하는 것을 나타내는데, 명사와 형용동사에 접속할 때는 ~になる 형태를 취합니다. 그러나 형용사에 なる가 접속할 때는 어미 い가 く로 바뀌어 '~어지다, ~게 되다'의 뜻을 나타냅니다.

기본형	의 미	~に(く)なる	의 미
医者(いしゃ)だ	의사이다	医者になる	의사가 되다
静(しず)かだ	조용하다	静かになる	조용해지다
高(たか)い	(값이) 비싸다	高くなる	(값이) 비싸지다

▶ ~に(く)する

동사 する는 어떤 동작을 '하다'라는 뜻인데, 어떤 일(것)을 선택할 때도 쓰입니다. 이때는 선택의 대상이 되는 명사 뒤에는 조사 に가 와야 합니다. 형용사의 어미 い를 く로 바꾸어 する를 접속하면 '~게 하다' 의 뜻으로 의지적인 변화를 주어 어떤 상태로 바꾸다는 뜻을 나타내며, 형용동사의 경우는 명사와 마찬가지로 ~にする의 형태를 취합니다.

기본형	의 미	~に(く)する	의 미
コーヒーだ	커피다	コーヒーにする	커피로 하다
静(しず)かだ	조용하다	静かにする	조용하게 하다
高(たか)い	(값이) 비싸다	高くする	비싸게 하다

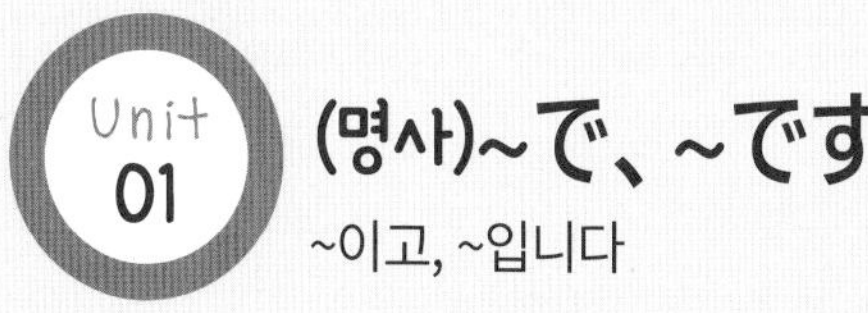

Unit 01 (명사)~で、~です

~이고, ~입니다

A: これはあなたの帽子(ぼうし)ですか。

고레와 아나따노 보-시데스까

이것은 당신 모자입니까?

B: いいえ、キムさんので、わたしのではありません。

이-에, 기무산노데, 와따시노데와 아리마셍

**아니오, 김씨 것으로
내 것이 아닙니다.**

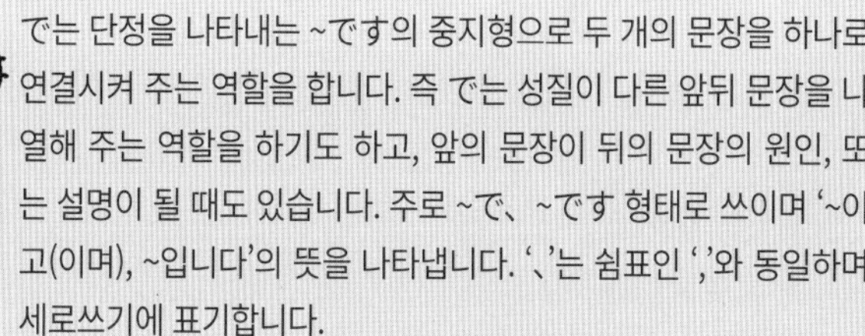

학습포인트!

で는 단정을 나타내는 ~です의 중지형으로 두 개의 문장을 하나로 연결시켜 주는 역할을 합니다. 즉 で는 성질이 다른 앞뒤 문장을 나열해 주는 역할을 하기도 하고, 앞의 문장이 뒤의 문장의 원인, 또는 설명이 될 때도 있습니다. 주로 ~で、~です 형태로 쓰이며 '~이고(이며), ~입니다'의 뜻을 나타냅니다. '、'는 쉼표인 ','와 동일하며 세로쓰기에 표기합니다.

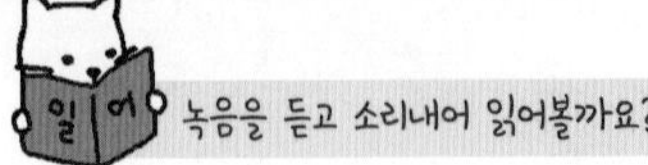

이것은 라이터이고, 저것은 성냥입니다.

これはライターで、あれはマッチです。
고레와 라이타-데, 아레와 맛치데스

그것은 내 것이고, 저것은 당신 것입니다.

それは私(わたし)ので、あれはあなたのです。
소레와 와따시노데, 아레와 아나따노데스

저것은 김치이고, 이것은 단무지입니다.

あれはキムチで、これはたくわんです。
아레와 기무치데, 고레와 다꾸완데스

이것은 노트이고, 저것은 연필입니다.

これはノートで、あれは鉛筆(えんぴつ)です。
고레와 노-토데, 아레와 엠피츠데스

여기는 아파트이고, 저기는 맨션입니다.

ここはアパートで、あそこはマンションです。
고꼬와 아파토-데, 아소꼬와 만숀데스

나는 한국인이고, 당신은 일본인입니다.

わたしは韓国人(かんこくじん)で、あなたは日本人(にほんじん)です。
와따시와 캉코꾸진데, 아나따와 니혼진데스

01 대화 다시듣기

A: 이것은 당신 모자입니까?

B: 아니오, 김씨 것으로 내 것이 아닙니다.

(형용사)~くて、~いです

~하고, ~합니다

A: あの店(みせ)のパンはどうですか。

아노 미세노 팡와 도-데스까

저 가게의 빵은 어떻습니까?

B: 安(やす)くて、とてもおいしいです。

야스쿠떼, 도떼모 오이시-데스

싸고, 무척 맛있습니다.

학습포인트!

형용사의 경우 접속조사 て가 이어질 때는 어미 い가 く로 바뀌어 くて의 형태가 됩니다. 접속조사 て는 두 개의 문장을 하나로 연결시켜 주는 역할을 할 뿐만 아니라, 성질이 다른 앞뒤 문장을 나열해 주는 역할을 하기도 하고, 앞의 문장이 뒤의 문장의 원인, 또는 설명이 될 때도 있습니다. 주로 ~くて、~いです 형태로 쓰이며 '~하고(하며), ~합니다'의 뜻을 나타냅니다.

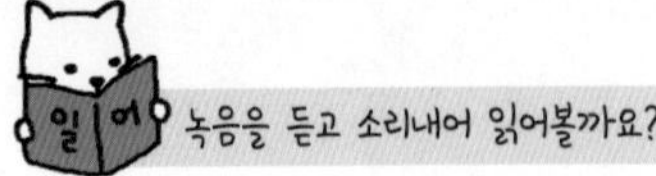

녹음을 듣고 소리내어 읽어볼까요?

이 방은 넓고, 저 방은 좁습니다.

この部屋(へや)は広(ひろ)くて、あの部屋(へや)は狭(せま)いです。

고노 헤야와 히로쿠떼, 아노 헤야와 세마이데스

집은 역에서 가깝고, 회사는 멉니다.

家(いえ)は駅(えき)から近(ちか)くて、会社(かいしゃ)は遠(とお)いです。

이에와 에까까라 치카꾸떼, 카이샤와 도-이데스

그녀의 얼굴은 둥글고, 내 얼굴은 네모집니다.

彼女(かのじょ)の顔(かお)は丸(まる)くて、ぼくの顔(かお)は四角(しかく)いです。

가노죠노 가오와 마루쿠떼, 보꾸노 가오와 시카꾸이데스

바나나는 달고, 레몬은 십니다.

バナナは甘(あま)くて、レモンはすっぱいです。

바나나와 아마쿠떼, 레몽와 습빠이데스

여름은 덥고, 가을은 시원합니다.

夏(なつ)は暑(あつ)くて、秋(あき)は涼(すず)しいです。

나쯔와 아츠꾸떼, 아끼와 스즈시-데스

이 소설은 재미있고, 무척 좋습니다.

この小説(しょうせつ)は面白(おもしろ)くて、とてもいいです。

고노 쇼-세쯔와 오모시로쿠떼, 도떼모 이-데스

---

02 대화 다시듣기

A: 저 가게의 빵은 어떻습니까? □ □ □

B: 싸고, 무척 맛있습니다.

(형용동사)~で、~です

~하고, ~합니다

A: あのレストランはどうですか。

아노 레스토랑와 도-데스까

저 레스토랑은 어때요?

B: 親切(しんせつ)で、味(あじ)も雰囲気(ふんいき)もいいです。

신세쯔데, 아지모 훙이끼모 이-데스

친절하고, 맛도 분위기도 좋습니다.

형용동사에 접속하는 で는 두 개의 문장을 하나로 연결시켜 주는 역할을 합니다. 즉, 접속조사 で는 성질이 다른 앞뒤 문장을 나열해 주는 역할을 하기도 하고, 앞의 문장이 뒤의 문장의 원인, 또는 설명이 될 때도 있습니다. 주로 ~で、~です 형태로 쓰이며 '~하고(하며), ~합니다'의 뜻을 나타내며, ~で、~も ~です는 '~하고, ~도 ~합니다'의 뜻으로 나열을 나타냅니다.

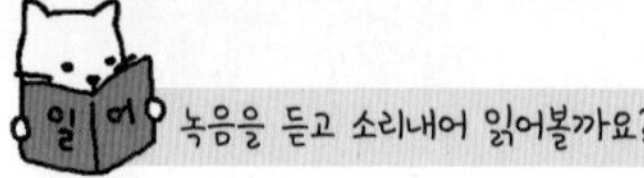

녹음을 듣고 소리내어 읽어볼까요?

다나카 씨는 친절하고, 가토 씨는 불친절합니다.

田中(たなか)さんは親切(しんせつ)で、加藤(かとう)さんは不親切(ふしんせつ)です。

다나까상와 신세쯔데, 카또-상와 후신세쯔데스

이 옷은 화려하고, 저 옷은 수수합니다.

この服(ふく)は派手(はで)で、あの服(ふく)は地味(じみ)です。

고노 후꾸와 하데데, 아노 후꾸와 지미데스

큰 길은 안전하고, 뒷골목은 위험합니다.

大通(おおどお)りは安全(あんぜん)で、裏通(うらどお)りは危険(きけん)です。

오-도-리와 안젠데, 우라도-리와 키껜데스

나카무라 씨는 성실하고, 요시무라 씨는 불성실합니다.

中村(なかむら)さんはまじめで、吉村(よしむら)さんはふまじめです。

나까무라상와 마지메데, 요시무라상와 후마지메데스

영어는 잘하고, 일본어는 아직 서툽니다.

英語(えいご)は上手(じょうず)で、日本語(にほんご)はまだ下手(へた)です。

에-고와 죠-즈데, 니홍고와 마다 헤따데스

여기는 교통도 편리하고, 조용한 곳입니다.

ここは交通(こうつう)も便利(べんり)で、静(しず)かな所(ところ)です。

고꼬와 고-쓰-모 벤리데, 시즈까나 도꼬로데스

03 대화 다시듣기

A: 저 레스토랑은 어때요? □ □ □

B: 친절하고, 맛도 분위기도 좋습니다.

(형용사)~かった

~했다

A: そのカメラは高(たか)かったですか。

소노 카메라와 다카깟따데스까

그 카메라는 비쌌습니까?

B: いいえ、あまり高(たか)くありませんでした。

이-에, 아마리 다카꾸 아리마센데시다

아뇨, 별로 비싸지 않았습니다.

학습포인트!

형용사의 과거형은 기본형의 어미 い가 かっ으로 바뀌어 과거나 완료를 나타내는 た가 접속된 かった의 형태를 취합니다. 형용사의 과거형을 정중하게 표현할 때는 과거형에 です를 접속하면 됩니다. 형용사의 기본형에 でした를 접속하여 ~いでした로 정중한 과거형을 표현하기 쉬우나, 반드시 과거형에 です를 접속하여 ~かったです로 표현해야 합니다.

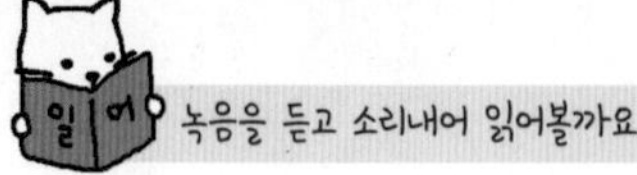

녹음을 듣고 소리내어 읽어볼까요?

올 겨울은 추웠다.

こ と し　ふ ゆ　さ む
今年の冬はとても寒かった。
코또시노 후유와 도떼모 사무깟따

옛날에 저 빌딩은 여기에서 가장 높았습니다.

むかし　たか
昔、あのビルはここでいちばん高かったです。
무까시, 아노 비루와 고꼬데 이찌반 다카깟따데스

택시는 무척 빨랐습니다.

はや
タクシーはとても速かったです。
타쿠시-와 도떼모 하야깟따데스

저 가방은 무거웠습니까?

おも
あのかばんは重かったですか。
아노 가방와 오모깟따데스까

전에는 당신 회사는 집에서 멀었습니까?

まえ　かいしゃ　いえ　とお
前は、あなたの会社は家から遠かったですか。
마에와, 아나따노 카이샤와 이에까라 도오깟따데스까

저 선글라스 가격은 쌌습니까?

ねだん　やす
あのサングラスの値段は安かったですか。
아노 상구라스노 네당와 야스깟따데스까

04 대화 다시듣기

A: 그 카메라는 비쌌습니까? ☐ ☐ ☐

B: 아뇨, 별로 비싸지 않았습니다.

(명사·형용동사)~だった

~이었다 / ~했다

A: そのあいだ、元気(げんき)だったの。

소노 아이다, 겡끼닷따노

그 동안, 잘 지냈니?

B: うん、おかげで元気(げんき)だったよ。

웅, 오까게데 겡끼닷따요

응, 덕분에 잘 지냈어.

형용동사의 과거형은 기본형의 어미 だ가 だっ으로 바뀌어 과거나 완료를 나타내는 た가 접속된 だった의 형태를 취합니다. 형용동사의 과거형을 정중하게 표현할 때는 과거형에 でした를 접속하면 됩니다. 형용동사의 だった에 です를 접속하면 강조의 뜻을 나타내며, 이 경우에는 の나 음편인 ん을 넣어 ~だったのです나 ~だったんです로 표현합니다.

일어 녹음을 듣고 소리내어 읽어볼까요?

어제는 내 생일이었다.

きのうはぼくの誕生日(たんじょうび)だった。

기노-와 보꾸노 탄죠-비닷따

옛날에 이 빌딩은 병원이었습니다.

昔(むかし)、このビルは病院(びょういん)だったのです。

무까시, 고노 비루와 뵤-인닷따노데스

요시무라 씨, 어제는 쉬는 날이었습니까?

吉村(よしむら)さん、きのうは休(やす)みの日(ひ)だったんですか。

요시무라상, 기노-와 야스미노히닷딴데스까

옛날에 여기는 교통이 불편했다.

昔(むかし)、ここは交通(こうつう)が不便(ふべん)だった。

무까시, 고꼬와 고-쓰-가 후벤닷따

나카무라 선생님은 무척 친절했습니다.

中村先生(なかむらせんせい)はとても親切(しんせつ)だったのです。

나까무라 센-세-와 도떼모 신세쯔닷따노데스

은행까지의 교통은 편리했습니까?

銀行(ぎんこう)までの交通(こうつう)は便利(べんり)だったんですか。

깅꼬-마데노 고-쓰-와 벤리닷딴데스까

---

05 대화 다시듣기

A: 그 동안, 잘 지냈니? □ □ □

B: 응, 덕분에 잘 지냈어.

(동사)~やすい

~하기 쉽다

A: 読(よ)みやすくてきれいな字(じ)ですね。誰(だれ)の字(じ)ですか。

요미야스쿠떼 기레-나 지데스네. 다레노 지데스까

읽기 쉽고 예쁜 글씨이군요. 누구 글씨입니까?

B: 吉村(よしむら)さんの字(じ)です。

요시무라산노 지데스

요시무라 씨 글씨입니다.

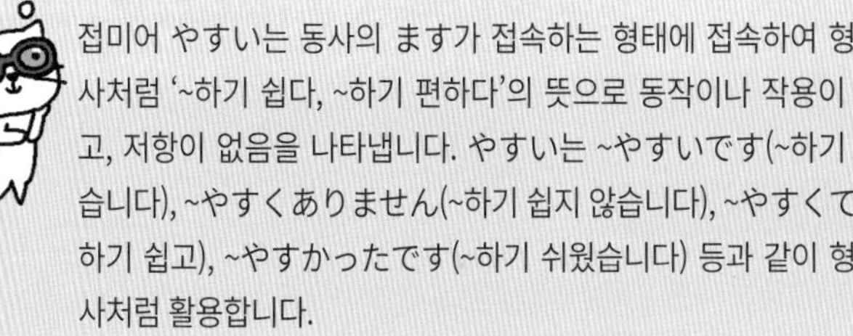

접미어 やすい는 동사의 ます가 접속하는 형태에 접속하여 형용사처럼 '~하기 쉽다, ~하기 편하다'의 뜻으로 동작이나 작용이 쉽고, 저항이 없음을 나타냅니다. やすい는 ~やすいです(~하기 쉽습니다), ~やすくありません(~하기 쉽지 않습니다), ~やすくて(~하기 쉽고), ~やすかったです(~하기 쉬웠습니다) 등과 같이 형용사처럼 활용합니다.

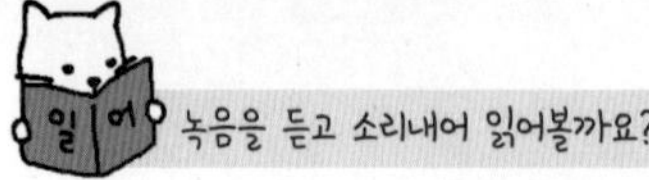

카레라이스는 간단하고 만들기 쉽다.

カレーライスは簡単(かんたん)で作(つく)りやすい。

카레-라이스와 간딴데 쓰꾸리야스이

이 도구는 쓰기 편리합니다.

この道具(どうぐ)は使(つか)いやすいです。

고노 도-구와 쓰까이야스이데스

큰 화면으로 매우 보기 편합니다.

大画面(だいがめん)でとても見(み)やすいです。

다이가멘데 도떼모 미야스이데스

글씨가 커서 읽기 쉽습니다.

字(じ)が大(おお)きくて読(よ)みやすいです。

지가 오-키꾸떼 요미야스이데스

작은 글씨는 읽기 쉽지 않습니다.

小(ち)さい字(じ)は読(よ)みやすくありません。

치-사이 지와 요미야스꾸 아리마셍

그 고기는 무척 부드러워서 먹기 편했습니다.

あの肉(にく)はとても柔(やわ)らかくて食(た)べやすかったです。

아노 니꾸와 도떼모 야와라카꾸떼 다베야스깟따데스

06 대화 다시듣기

A: 읽기 쉽고 예쁜 글씨이군요. 누구 글씨입니까? □□□

B: 요시무라 씨 글씨입니다.

(동사)~にくい

~하기 어렵다

말해볼까요?

A: あなたのかばんは重(おも)いですか。

아나따노 가방와 오모이데스까

당신의 가방은 무겁습니까?

B: はい、重(おも)くてなかなか持(も)ちにくいです。

하이, 오모쿠떼 나까나까 모찌니꾸이데스

예, 무거워서 상당히 들기 힘듭니다.

학습포인트!

접미어 にくい는 동사의 ます가 접속하는 형태에 접속하여 형용사처럼 '~하기 어렵다, ~하기 힘들다'의 뜻으로 동작이나 작용이 어렵고, 저항이 있음을 나타냅니다. にくい는 ~にくいです(~하기 어렵습니다), ~にくくありません(~하기 어렵지 않습니다), ~にくくて(~하기 어렵고), ~にくかったです(~하기 어려웠습니다) 등과 같이 형용사처럼 활용합니다.

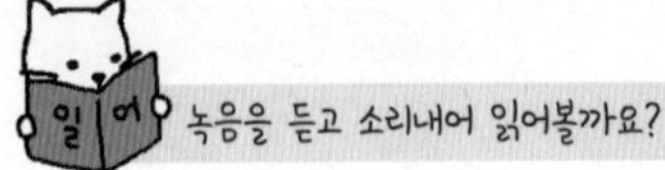

질긴 고기는 먹기 힘들다.

堅(かた)い肉(にく)は食(た)べにくい。

카따이 니꾸와 다베니꾸이

당신의 글씨는 읽기 힘들군요.

あなたの字(じ)は読(よ)みにくいですね。

아나따노 지와 요미니꾸이데스네

게는 먹기 힘듭니다.

かには食(た)べにくいです。

카니와 다베니꾸이데스

설날 신칸센 표는 구하기 힘듭니다.

お正月(しょうがつ)の新幹線(しんかんせん)の切符(きっぷ)は取(と)りにくいです。

오쇼-가쯔노 싱깐센노 깁뿌와 도리니꾸이데스

이 약은 먹기 힘들지 않습니다.

この薬(くすり)は飲(の)みにくくありません。

고노 구스리와 노미니쿠꾸 아리마셍

질문이 어려워서 대답하기 힘들었습니다.

質問(しつもん)が難(むずか)しくて答(こた)えにくかったです。

시쯔몽가 무즈카시꾸떼 고따에니쿠깟따데스

---

07 대화 다시듣기

A: 당신의 가방은 무겁습니까? □ □ □

B: 예, 무거워서 상당히 들기 힘듭니다.

(동사)~に行く

~하러 가다

A: ソウルへ何(なに)をしに行(い)きますか。

서우루에 나니오 시니 이끼마스까

서울에 무엇을 하러 갑니까?

B: 親(した)しい友(とも)だちに会(あ)いに行(い)きます。

시따시- 도모다찌니 아이니 이끼마스

친한 친구를 만나러 갑니다.

학습포인트!

ます가 접속하는 동사의 중지형에 방향을 나타내는 조사 に가 접속하면 행위나 동작의 목적을 나타냅니다. 주로 뒤에 이어지는 말은 이동을 나타내는 行く(가다), 来る(오다), 帰る(돌아가다/돌아오다), 入る(들어가다/ 들어오다) 등이 옵니다. 또한 동작성을 나타내는 명사 뒤에 映画に行く(영화를 보러 가다)처럼 に가 오면 마찬가지로 동작의 목적을 나타냅니다.

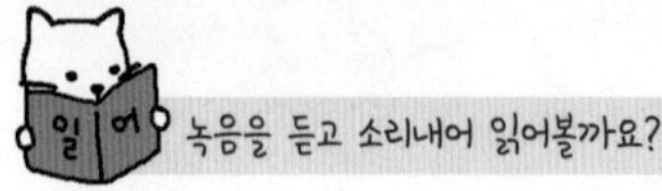

녹음을 듣고 소리내어 읽어볼까요?

공항에 친구를 마중하러 갑니다.

空港(くうこう)へ友(とも)だちを迎(むか)えに行(い)きます。

쿠-꼬-에 도모다찌오 무까에니 이끼마스

오사카에는 무엇을 하러 갑니까?

大阪(おおさか)には何(なに)をしに行(い)きますか。

오-사까니와 나니오 시니 이끼마스까

풀장에 수영하러 가지 않겠습니까?

プールへ泳(およ)ぎに行(い)きませんか。

푸-루에 오요기니 이끼마셍까

어제는 벌레를 잡으러 갔습니다.

きのうは虫(むし)を採(と)りに行(い)きました。

기노-와 무시오 도리니 이끼마시다

백화점에 옷을 사러 갔습니다.

デパートへ洋服(ようふく)を買(か)いに行(い)きました。

데파-토에 요-후꾸오 가이니 이끼마시다

그녀는 공원에 놀러 갔습니까?

彼女(かのじょ)は公園(こうえん)へ遊(あそ)びに行(い)きましたか。

카노죠와 코-엥에 아소비니 이끼마시다까

08 대화 다시듣기

A: 서울에 무엇을 하러 갑니까?

B: 친한 친구를 만나러 갑니다.

☐ ☐ ☐

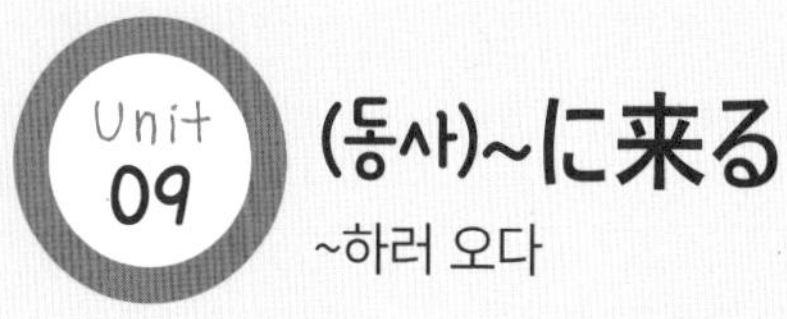

(동사)~に来る

~하러 오다

A: あなたは何(なに)をしにここへ来(き)ましたか。

아나따와 나니오 시니 고꼬에 기마시다까

당신은 무엇을 하러 여기에 왔습니까?

B: コーヒーを飲(の)みに来(き)ました。

코-히-오 노미니 기마시다

커피를 마시러 왔습니다.

학습포인트!

ます가 접속하는 동사의 중지형에 ~に来る가 오면 '~하러 오다'의 뜻으로 행위나 동작의 목적을 나타냅니다. 이처럼 뒤에 이어지는 말은 이동을 나타내는 行く(가다), 帰る(돌아가다/돌아오다), 入る(들어가다/ 들어오다) 등이 옵니다. 또한 동작성을 나타내는 명사 뒤에 映画に来る(영화를 보러 오다)처럼 に가 오면 마찬가지로 동작의 목적을 나타냅니다.

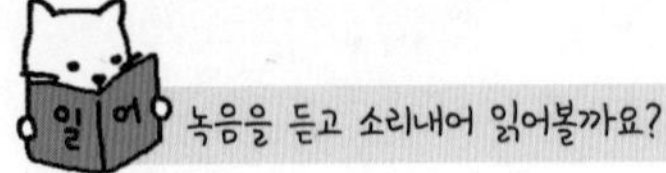
녹음을 듣고 소리내어 읽어볼까요?

공원에 조깅하러 옵니다.

公園(こうえん)へジョギングをしに来(き)ます。

코-엥에 죠깅구오 시니 기마스

친구는 가끔 나한테 놀러 옵니다.

友(とも)だちはたまに私(わたし)のところへ遊(あそ)びに来(き)ます。

도모타찌와 타마니 와따시노 도꼬로에 아소비니 기마스

나는 일본에 공부를 하러 왔습니다.

わたしは日本(にほん)へ勉強(べんきょう)をしに来(き)ました。

와따시와 니홍에 벵꾜-오 시니 기마시다

나는 당신에게 사과를 하러 왔습니다.

わたしはあなたに謝(あやま)りに来(き)ました。

와따시와 아나따니 아야마리니 기마시다

방송국 사람이 취재하러 왔습니다.

放送局(ほうそうきょく)の人(ひと)が取材(しゅざい)しに来(き)ました。

호-소-쿄꾸노 히또가 슈자이시니 기마시다

기무라 씨는 한국에 누군가 만나러 왔습니까?

木村(きむら)さんは韓国(かんこく)へだれか会(あ)いに来(き)ましたか。

기무라상와 캉코꾸에 다레까 아이니 기마시다까

09 대화 다시듣기

A: 당신은 무엇을 하러 여기에 왔습니까?

B: 커피를 마시러 왔습니다.

(동사)~ときは[まえに]

~할 때는[전에]

A: あなたはご飯(はん)を食(た)べる時(とき)もテレビを見(み)ますか。

아나따와 고항오 다베루 도끼모 테레비오 미마스까

당신은 밥을 먹을 때도 텔레비전을 봅니까?

B: いいえ、テレビは見(み)ません。音楽(おんがく)を聞(き)きます。

이-에, 테레비와 미마셍. 옹가꾸오 기끼마스

아니오, 텔레비전은 보지 않습니다.
음악을 듣습니다.

우리말에서는 '오다 + 때'가 '올 때'처럼 동사 뒤에 명사가 이어질 경우는 어미가 변하지만 일본어에서는 동사의 기본형 상태를 취합니다. 예를 들면 来る時(올 때), 食べる人(먹는 사람), 寝る前(자기 전)처럼 동사의 어미 형태가 변하지 않습니다. 또한 동사의 기본형은 그 자체로도 문장의 서술을 나타내기도 합니다. 또한 동사의 기본형 뒤에 まえに가 이어지면 '~하기 전에'의 뜻이 됩니다.

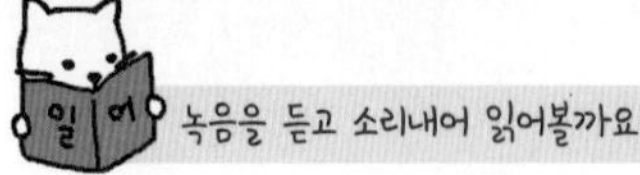

녹음을 듣고 소리내어 읽어볼까요?

당신은 일본에 갈 때 무엇을 합니까?

あなたは日本(にほん)へ行(い)く時(とき)は何(なに)をしますか。

아나따와 니홍에 이꾸 도끼와 나니오 시마스까

커피를 마실 때는 비스킷을 먹습니다.

コーヒーを飲(の)む時(とき)はビスケットを食(た)べます。

코-히-오 노무 도끼와 비스켓토오 다베마스

공부할 때는 음악을 듣지 않습니다.

勉強(べんきょう)する時(とき)は音楽(おんがく)を聞(き)きません。

벵꾜-스루 도끼와 옹가꾸오 기끼마셍

나는 자기 전에 반드시 이를 닦습니다.

わたしは寝(ね)る前(まえ)にかならず歯(は)を磨(みが)きます。

와따시와 네루 마에니 가나라즈 하오 미가끼마스

나는 식사를 하기 전에 신문을 읽습니다.

わたしは食事(しょくじ)をする前(まえ)に新聞(しんぶん)を読(よ)みます。

와따시와 쇼꾸지오 스루 마에니 심붕오 요미마스

나는 밥을 먹기 전에 손을 씻습니다.

わたしはご飯(はん)を食(た)べる前(まえ)に手(て)を洗(あら)います。

와따시와 고항오 다베루 마에니 데오 아라이마스

---

10 대화 다시듣기

A: 당신은 밥을 먹을 때도 텔레비전을 봅니까? □ □ □

B: 아니오, 텔레비전은 보지 않습니다. 음악을 듣습니다.

학습일 

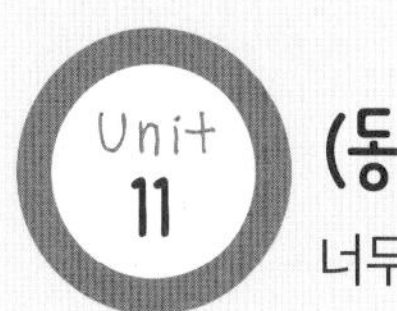

(동사)~すぎる

너무 ~하다

A: あなたは太(ふと)りすぎましたね。

아나따와 후또리스기마시따네

당신은 살이 많이 쪘군요.

B: ええ、このごろ食(た)べすぎました。

에-, 고노고로 다베스기마시다

네, 요즘 너무 많이 먹었습니다.

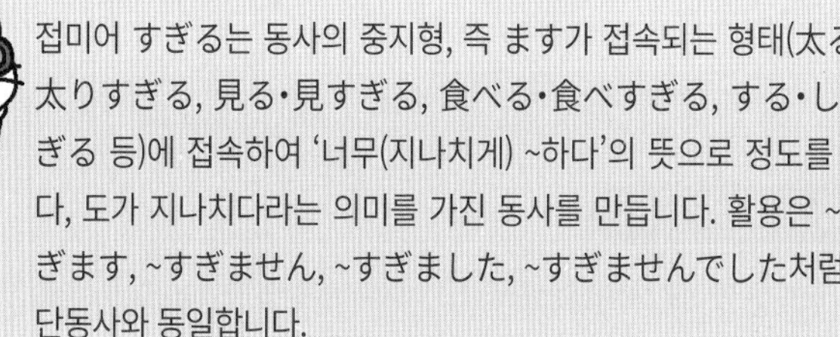

접미어 すぎる는 동사의 중지형, 즉 ます가 접속되는 형태(太る・太りすぎる, 見る・見すぎる, 食べる・食べすぎる, する・しすぎる 등)에 접속하여 '너무(지나치게) ~하다'의 뜻으로 정도를 넘다, 도가 지나치다라는 의미를 가진 동사를 만듭니다. 활용은 ~すぎます, ~すぎません, ~すぎました, ~すぎませんでした처럼 1단동사와 동일합니다.

녹음을 듣고 소리내어 읽어볼까요?

어젯밤 밥을 너무 많이 먹었습니다.

ゆうべ、ご飯(はん)を食(た)べすぎました。

유-베, 고항오 다베스기마시다

어젯밤 밥을 너무 많이 먹었습니다.

요즘 일을 너무 많이 하는군요.

このごろ仕事(しごと)をしすぎますね。

고노고로 시고또오 시스기마스네

당신은 담배를 너무 많이 피우는군요.

あなたはタバコを吸(す)いすぎますね。

아나따와 다바꼬오 스이스기마스네

요시무라 씨는 과음합니다.

吉村(よしむら)さんはお酒(さけ)を飲(の)みすぎます。

요시무라상와 오사께오 노미스기마스

그는 텔레비전을 너무 많이 봐요.

彼(かれ)はテレビを見(み)すぎますよ。

카레와 테레비오 미스기마스요

너무 잤습니다. 머리가 좀 아픕니다.

寝(ね)すぎました。頭(あたま)が少(すこ)し痛(いた)いです。

네스기마시다. 아따마가 스꼬시 이따이데스

A: 당신은 살이 많이 쪘군요.

B: 네, 요즘 너무 많이 먹었습니다.

□ □ □

(형용사·형용동사)~すぎる

너무 ~하다

A: 料理(りょうり)が多(おお)かったんですか。

료-리가 오-깟딴데스까

요리가 많았습니까?

B: ええ、特(とく)にご飯(はん)が多(おお)すぎました。

에-, 토꾸니 고항가 오-스기마시다

예, 특히 밥이 너무 많았습니다.

학습포인트!

접미어 すぎる는 형용사의 어간에 접속(赤い·赤すぎる, 多い·多すぎる)하며, 형용동사의 경우도 어간에 접속(静かだ·静かすぎる, 賑やかだ·賑やかすぎる)하여 '너무(지나치게) ~하다'의 뜻으로 정도를 넘다, 도가 지나치다라는 의미를 가진 동사를 만듭니다. 활용은 ~すぎます, ~すぎません, ~すぎました, ~すぎませんでした처럼 1단동사와 동일합니다.

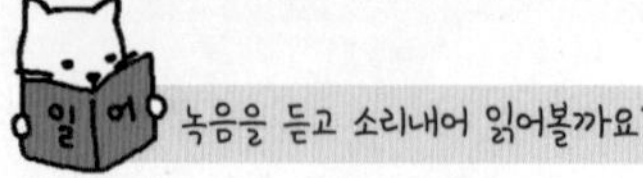

녹음을 듣고 소리내어 읽어볼까요?

이 교과서는 너무 어렵습니다.

この教科書(きょうかしょ)は難(むずか)しすぎます。

고노 쿄-까쇼와 무즈까시스기마스

사람들이 너무 많습니다.

広場(ひろば)には人(ひと)が多(おお)すぎます。

히로바니와 히또가 오-스기마스

이 텔레비전은 너무 비싸군요.

このテレビは高(たか)すぎますね。

고노 테레비와 다까스기마스네

사람이 많아서 너무 복잡하군요.

人(ひと)が多(おお)くて賑(にぎ)やかすぎますね。

히또가 오-쿠떼 니기야까스기마스네

이 주택가는 너무 조용하군요.

この住宅街(じゅうたくがい)は静(しず)かすぎますね。

고노 쥬-타꾸가이와 시즈까스기마스네

그녀의 방은 너무 깨끗합니다.

彼女(かのじょ)の部屋(へや)はきれいすぎます。

가노죠노 헤야와 기레-스기마스

12 대화 다시듣기

A: 요리가 많았습니까? □ □ □

B: 예, 특히 밥이 너무 많았습니다.

(동사)~ながら

~하면서

A: あなたは勉強(べんきょう)するとき音楽(おんがく)を聞(き)きますか。

아나따와 벵꾜-스루 도끼 옹가꾸오 기끼마스까

당신은 공부할 때 음악을 듣습니까?

B: はい、いつも音楽(おんがく)を聞(き)きながら勉強(べんきょう)します。

하이, 이쯔모 옹가꾸오 기끼나가라 벵꾜-시마스

네, 항상 음악을 들으면서 공부합니다.

학습포인트!

ながら는 동사의 중지형, 즉 ます가 이어지는 형태에 접속(聞く 듣다・聞きながら 들으면서, 歌う 노래하다・歌いながら 노래하면서, 見る 보다・見ながら 보면서, 食べる 먹다・食べながら 먹으면서, する 하다・しながら 하면서)하여 '~하면서'의 뜻으로 어떤 동작이 행해질 때, 다른 동작도 동시에 행하는 경우와, 동시에 행해지는 두 동작을 이어줍니다.

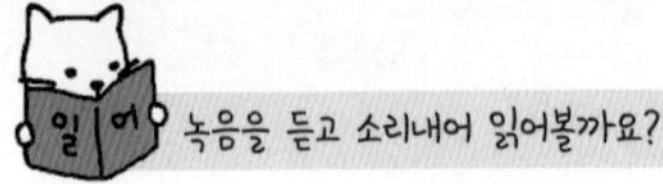

녹음을 듣고 소리내어 읽어볼까요?

한눈을 팔면서 운전하는 것은 위험하다.

よそ見(み)をしながら運転(うんてん)するのは危(あぶ)ない。

요소미오 시나가라 운뗀스루노와 아부나이

그는 아르바이트를 하면서 대학에 다녔습니다.

彼(かれ)はアルバイトをしながら大学(だいがく)に通(かよ)いました。

카레와 아루바이토오 시나가라 다이가꾸니 가요이마시다

그는 노래를 부르면서 청소를 합니다.

彼(かれ)は歌(うた)を歌(うた)いながら掃除(そうじ)をします。

카레와 우따오 우따이나가라 소-지오 시마스

경찰차가 사이렌을 울리면서 달립니다.

パトカーがサイレンを鳴(な)らしながら走(はし)ります。

파토카-가 사이렝오 나라시나가라 하시리마스

개가 꼬리를 흔들면서 왔습니다.

犬(いぬ)が尾(お)を振(ふ)りながら来(き)ました。

이누가 오오 후리나가라 기마시다

그와 커피를 마시면서 이야기했습니다.

彼(かれ)とコーヒーを飲(の)みながら話(はな)しました。

카레또 코-히-오 노미나가라 하나시마시다

13 대화 다시듣기

□ □ □

A: 당신은 공부할 때 음악을 듣습니까?

B: 네, 항상 음악을 들으면서 공부합니다.

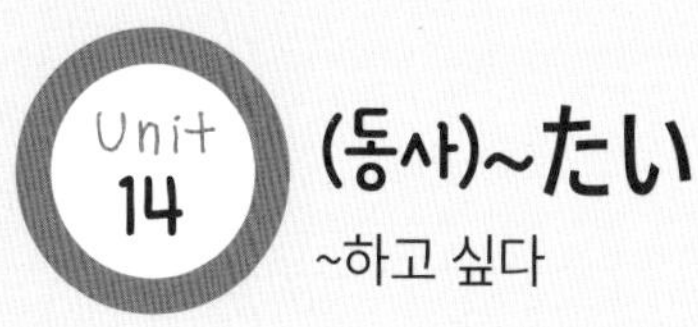

(동사)~たい

~하고 싶다

A: あなたは今(いま)、何(なに)がいちばんしたいですか。

아나따와 이마, 나니가 이찌반 시따이데스까

당신은 지금, 무엇을 가장 하고 싶습니까?

B: 何(なに)もしたくありません。うちで休(やす)みたいです。

나니모 시따꾸 아리마셍. 우찌데 야스미따이데스

아무 것고 하고 싶지 않습니다.
집에서 쉬고 싶습니다.

학습포인트!

たい는 동사의 중지형, 즉 ます가 이어지는 형태에 접속(聞く 듣다•聞きたい 듣고 싶다, 見る 보다•見たい 보고 싶다, 食べる 먹다•食べたい 먹고 싶다, する 하다•したい 하고 싶다)하여 '~하고 싶다'는 뜻으로 상대나 말하는 사람의 희망이나 욕구를 나타냅니다. 활용(~たいです ~하고 싶습니다, ~たくありません ~하고 싶지 않습니다 등)은 형용사처럼 합니다.

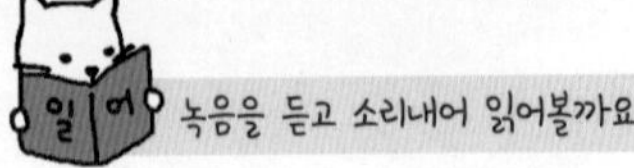

녹음을 듣고 소리내어 읽어볼까요?

오늘은 어머니의 요리를 먹고 싶다.

今日(きょう)は母(はは)の料理(りょうり)が食(た)べたい。

쿄-와 하하노 료-리가 다베따이

언젠가 후지산에 오르고 싶습니다.

いつか富士山(ふじさん)に登(のぼ)りたいです。

이쯔까 후지산니 노보리따이데스

당신은 지금 무엇을 하고 싶습니까?

あなたは今(いま)、何(なに)がしたいですか。

아나따와 이마, 나니가 시따이데스까

나는 차가운 물을 마시고 싶습니다.

わたしは冷(つめ)たい水(みず)が飲(の)みたいです。

와따시와 쓰메다이 미즈가 노미따이데스

조깅은 하고 싶지 않습니까?

ジョギングはしたくありませんか。

죠깅구와 시따꾸 아리마셍까

지금은 아무 데도 가고 싶지 않습니다.

今(いま)はどこへも行(い)きたくありません。

이마와 도꼬에모 이키따꾸 아리마셍

14 대화 다시듣기

A: 당신은 지금, 무엇을 가장 하고 싶습니까?

B: 아무 것고 하고 싶지 않습니다. 집에서 쉬고 싶습니다.

□ □ □

Unit 15 (동사)~たがる

~하고 싶어 하다

A: 彼(かれ)は何(なに)を買(か)いたがりましたか。

카레와 나니오 가이따가리마시다까

그는 무엇을 사고 싶어 했습니까?

B: デパートで新(あたら)しい時計(とけい)を買(か)いたがりました。

데파-토데 아따라시- 도께-오 가이따가리마시다

백화점에서 새로운 시계를 사고 싶어 했습니다.

학습포인트!

たがる는 동사의 중지형, 즉 ます가 이어지는 형태에 접속(聞く 듣다·聞きたがる 듣고 싶어 하다, 見る 보다·見たがる 보고 싶어 하다, する 하다·したがる 하고 싶어 하다)하여 '~하고 싶어 하다'는 뜻으로 제3자의 희망이나 욕구를 나타냅니다. 활용(~たがります ~하고 싶어 합니다, ~たがりません ~하고 싶어 하지 않습니다 등)은 5단동사와 동일합니다.

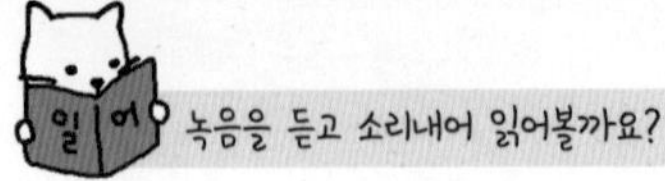

녹음을 듣고 소리내어 읽어볼까요?

요시무라 씨는 오사카에 가고 싶어 했습니다.

よしむら　おおさか　い
吉村さんは大阪へ行きたがりました。
요시무라상와 오-사까에 이끼타가리마시다

그녀는 머리를 자르고 싶어 했습니다.

かのじょ　かみ　き
彼女は髪を切りたがりました。
카노죠와 가미오 기리타가리마시다

그는 택시를 타고 싶어 합니까?

かれ　の
彼はタクシーに乗りたがりますか。
카레와 타쿠시-니 노리타가리마스까

아내는 요리를 만들고 싶어 하지 않습니다.

かない　りょうり　つく
家内は料理を作りたがりません。
카나이와 료-리오 쓰꾸리타가리마셍

남편은 목욕을 하고 싶어 하지 않습니다.

しゅじん　ふろ　はい
主人はお風呂に入りたがりません。
슈징와 오후로니 하이리타가리마셍

그는 야채를 먹고 싶어 하지 않습니까?

かれ　やさい　た
彼は野菜を食べたがりませんか。
카레와 야사이오 다베타가리마셍까

15 대화 다시듣기

A: 그는 무엇을 사고 싶어 했습니까? □□□

B: 백화점에서 새로운 시계를 사고 싶어 했습니다.

학습일 ／

~でも~ましょう

~라도 ~합시다

말해볼까요?

A: 今日(きょう)は何(なに)をしましょうか。

교-와 나니오 시마쇼-까

오늘은 무엇을 할까요?

B: レストランで外食(がいしょく)でもしましょう。

레스토란데 가이쇼꾸데모 시마쇼-

레스토랑에서 외식이라도 합시다.

학습포인트!

ましょう는 ます의 권유형으로, 상대방의 동의를 구해서 말하는 사람이 행동을 일으키도록 제안할 때 쓰이며, 우리말의 '~합시다'에 해당합니다. 따라서 ましょう는 권유의 뜻이 되기도 하며, 말하는 사람의 의지를 나타내기도 합니다. ましょう는 강한 느낌을 주므로 손윗사람에게 가능한 쓰지 않는 것이 좋으며, 의향을 물을 때는 ましょうか의 형태로 쓰면 됩니다.

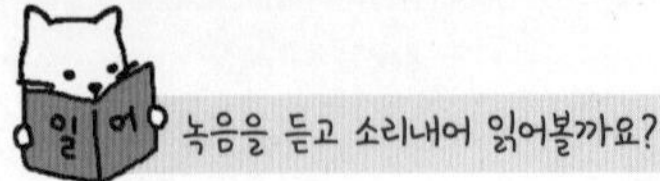

녹음을 듣고 소리내어 읽어볼까요?

방 청소라도 합시다.

部屋(へや)の掃除(そうじ)でもしましょう。

헤야노 소-지데모 시마쇼-

커피라도 마십시다.

コーヒーでも飲(の)みましょう。

코-히-데모 노미마쇼-

밥이라도 먹을까요?

ご飯(はん)でも食(た)べましょうか。

고한데모 다베마쇼-까

다 같이 노래라도 부를까요?

みんなで歌(うた)でも歌(うた)いましょうか。

민나데 우따데모 우따이마쇼-까

바다에 놀러라도 갑시다.

海(うみ)へ遊(あそ)びにでも行(い)きましょう。

우미에 아소비니데모 이끼마쇼-

텔레비전 드라마라도 볼까요?

テレビのドラマでも見(み)ましょうか。

테레비노 도라마데모 미마쇼-까

16 대화 다시듣기

A: 오늘은 무엇을 할까요? □ □ □

B: 레스토랑에서 외식이라도 합시다.

いくら ~ても[でも]

아무리 ~해도[이어도]

A: あの店(みせ)は親切(しんせつ)で、値段(ねだん)もやすいですよ。

아노 미세와 신세쯔데, 네담모 야스이데스요

저 가게는 친절하고, 값도 싸요.

B: 私(わたし)はいくら親切(しんせつ)でも値段(ねだん)が安(やす)くても行(い)きません。

와따시와 이꾸라 신세쯔데모 네당가 야스쿠떼모 이끼마셍

난 아무리 친절해도,
값이 싸도 가지 않겠습니다.

학습포인트!

형용사의 경우 접속조사 て가 이어질 때는 어미 い가 く로 바뀌어 우리말의 '~하고, ~해서, ~하며'로 해석되며 뒤에 다른 말이 이어집니다. 여기에 조사 も를 접속하면 '~해도'의 뜻으로 역접의 확정조건이나 가정조건을 나타냅니다. 반면 형용동사의 경우는 でも의 형태가 됩니다. 그리고 いくら는 횟수의식을 나타내고, どんなに는 정도의식을 나타냅니다.

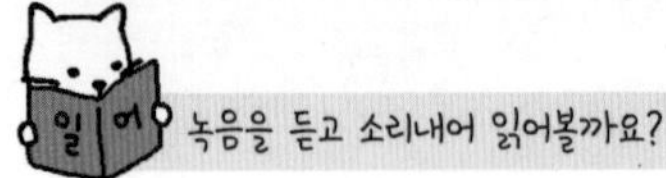

녹음을 듣고 소리내어 읽어볼까요?

아무리 커도 이런 집에서는 살 수 없습니다.

いくら大(おお)きくても、こんな家(いえ)では住(す)めません。

이꾸라 오-키쿠떼모, 곤나 이에데와 스메마셍

아무리 맛있어도 과식하는 것은 좋지 않습니다.

いくらおいしくても、食(た)べすぎはよくありません。

이꾸라 오이시쿠떼모, 다베스기와 요꾸 아리마셍

아무리 값이 싸도 나는 사지 않겠습니다.

いくら値段(ねだん)が安(やす)くても、わたしは買(か)いません。

이꾸라 네당가 야스쿠떼모, 와따시와 가이마셍

아무리 더워도 아이스크림을 먹지 않습니다.

どんなに暑(あつ)くてもアイスクリームを食(た)べません。

돈나니 아츠꾸떼모 아이스쿠리무오 다베마셍

아무리 친절해도 그 가게는 가지 않습니다.

いくら親切(しんせつ)でもあの店(みせ)には行(い)きません。

이꾸라 신세쯔데모 아노 미세니와 이끼마셍

아무리 교통이 편해도 집세가 비싸면 안됩니다.

どんなに交通(こうつう)が便利(べんり)でも家賃(やちん)が高(たか)くてはいけません。

돈나니 코-쓰가 벤리데모 야찡가 다카쿠떼와 이께마셍

17 대화 다시듣기

A: 저 가게는 친절하고, 값도 싸요. □ □ □

B: 난 아무리 친절해도, 값이 싸도 가지 않겠습니다.

학습일 / □

Unit 18 ~から ~まで

~부터 ~까지

A: 家(いえ)から会社(かいしゃ)まで何(なに)で行(い)きますか。

이에까라 카이샤마데 나니데 이끼마스까

집에서 회사까지 무엇으로 갑니까?

B: 毎日(まいにち)地下鉄(ちかてつ)で行(い)きます。

마이니찌 치카테쯔데 이끼마스

매일 지하철로 갑니다.

학습포인트!

~から ~までは 우리말의 '~에서(부터) ~까지'의 뜻으로 명사에 접속하여 장소나 공간, 시간의 범위를 나타냅니다. からは 기점을 나타내고, までは 한계를 나타냅니다. からは 기점을 나타내는 용법 이외에 원인이나 이유를 나타내기도 합니다. 家から公園まで(집에서 공원까지), ここからあそこまで(여기서부터 저기까지), 何時から何時まで(몇 시부터 몇 시까지)

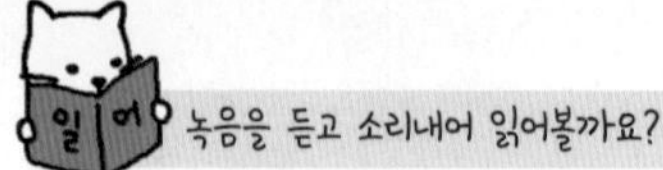

녹음을 듣고 소리내어 읽어볼까요?

어제 집에서 공원까지 사이클링을 했습니다.

きのう家(いえ)から公園(こうえん)までサイクリングをしました。

기노- 이에까라 코-엠마데 사이쿠링구오 시마시다

서울에서 부산까지 어느 정도 걸립니까?

ソウルからブサンまでどのくらいかかりますか。

서우루까라 부삼마데 도노쿠라이 가까리마스까

오전 9시부터 오후 6시까지 일합니다.

午前(ごぜん)9時(じ)から午後(ごご)6時(じ)まで働(はたら)きます。

고젱 쿠지까라 고고 로꾸지마데 하따라끼마스

이번 달부터 다음 달까지 짬이 없습니다.

今月(こんげつ)から来月(らいげつ)まで暇(ひま)はありません。

콩게쯔까라 라이게쯔마데 히마와 아리마셍

역에서 아파트까지 걸었습니다.

駅(えき)からアパートまで歩(ある)きました。

에끼까라 아파-토마데 아루끼마시다

당신은 몇 시부터 몇 시까지 공부를 합니까?

あなたは何時(なんじ)から何時(なんじ)まで勉強(べんきょう)をしますか。

아나따와 난지까라 난지마데 벵꾜-오 시마스까

18 대화 다시듣기

A: 집에서 회사까지 무엇으로 갑니까? □□□

B: 매일 지하철로 갑니다.

~より ~[の]ほうが~

~보다 ~(쪽)이 ~

A: あなたは野球(やきゅう)が好(す)きですか。

아나따와 야뀨-가 스끼데스까

당신은 야구를 좋아합니까?

B: いいえ、野球(やきゅう)よりサッカーのほうが好(す)きです。

이-에, 야뀨-요리 삭카-노 호-가 스끼데스

아니오, 야구보다 축구를 좋아합니다.

학습포인트!

より는 비교를 나타낼 때 쓰이는 조사로 우리말의 '~보다'에 해당하며, と는 여러 가지 사물이나 사항을 나열할 때 쓰이는 조사로 우리말의 '~와(과)'에 해당합니다. 두 가지 사물이나 사항을 비교할 때는 ~と ~と どちらの ほうが ~ですか(~과 ~과 어느 쪽이 ~입니까?)의 질문과 ~の ほうが ~より ~です(~의 쪽이 ~보다 ~입니다)의 대답으로 문형을 취합니다.

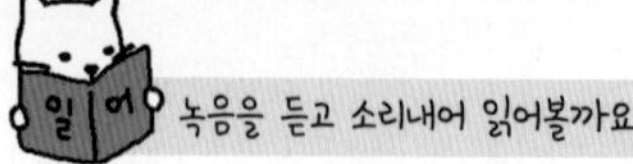

녹음을 듣고 소리내어 읽어볼까요?

버스보다 전철로 가는 게 빨라.

バスより電車(でんしゃ)で行(い)くほうが速(はや)いよ。

바스요리 덴샤데 이꾸 호-가 하야이요

수영은 바다보다 풀장이 안전해요.

水泳(すいえい)は海(うみ)よりプールのほうが安全(あんぜん)ですよ。

스이에-와 우미요리 푸-루노 호-가 안젠데스요

고기요리보다 생선요리가 건강에 좋아요.

肉料理(にくりょうり)より魚料理(さかなりょうり)のほうが健康(けんこう)にいいですよ。

니꾸료-리요리 사까나료-리노 호-가 겡꼬-니 이-데스요

버스보다 택시가 편합니다.

バスよりタクシーのほうが便利(べんり)です。

바스요리 타꾸시-노 호-가 벤리데스

나는 위스키보다 맥주를 좋아합니다.

僕(ぼく)はウイスキーよりビールのほうが好(す)きです。

보꾸와 우이스키-요리 비-루노 호-가 스끼데스

더운 여름보다 추운 겨울이 좋습니다.

暑(あつ)い夏(なつ)より寒(さむ)い冬(ふゆ)のほうがいいです。

아쯔이 나쯔요리 사무이 후유노 호-가 이-데스

19 대화 다시듣기

A: 당신은 야구를 좋아합니까? ☐ ☐ ☐

B: 아니오, 야구보다 축구를 좋아합니다.

~の中で、いちばん

~중에서, ~가장

A: これらの中(なか)でどれがいちばん食(た)べたいですか。

고레라노 나까데 도레가 이찌반 다베따이데스까

이것들 중에 어느 게 가장 먹고 싶습니까?

B: 私(わたし)は今(いま)はどれも食(た)べたくありません。

와따시와 이마와 도레모 다베따꾸 아리마셍

나는 지금은 어느 것도 먹고 싶지 않습니다.

학습포인트!

~の中で、いちばん(~중에서, ~가장)의 문형은 여러 가지 사물이나 사항을 나열하여 특히 그것이 제일이라는 뜻을 나타낼 때 많이 쓰이는 표현입니다. 참고로 부사적으로 쓰일 때는 いちばん이라 표기하고 순번을 나타낼 때는 一番으로 표기합니다.
どれも(어느 것도, 모두)처럼 의문사에 も를 접속하면 전체를 나타냅니다. だれも(아무도), なにも(아무 것도), どれも(어느 것도)

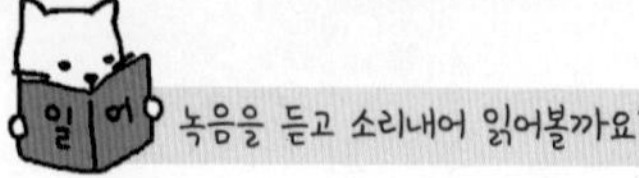

녹음을 듣고 소리내어 읽어볼까요?

외국어 중에 어느 것이 가장 어렵습니까?

外国語(がいこくご)の中(なか)で、どれがいちばん難(むずか)しいですか。

가이고꾸고노 나까데, 도레가 이찌밤 무즈까시-데스까

스포츠 중에 무엇을 가장 좋아합니까?

スポーツの中(なか)で、何(なに)がいちばん好(す)きですか。

스포-츠노 나까데, 나니가 이찌반 스끼데스까

노래 중에 어떤 노래를 가장 잘 부릅니까?

歌(うた)の中(なか)で、どんな歌(うた)がいちばんうまいですか。

우따노 나까데, 돈나 우따가 이찌방 우마이데스까

한자 중에 어느 글자가 가장 쓰기 힘듭니까?

漢字(かんじ)の中(なか)で、どの字(じ)がいちばん書(か)きにくいですか。

칸지노 나까데, 도노 지가 이찌방 가끼니꾸이데스까

일본에서 어디가 가장 인상에 남았습니까?

日本(にほん)でどこがいちばん印象(いんしょう)に残(のこ)りましたか。

니혼데 도꼬가 이찌방 인쇼-니 노꼬리마시다까

한국에서 어디를 가장 가고 싶습니까?

韓国(かんこく)でどこがいちばん行(い)きたいですか。

캉코꾸데 도꼬가 이찌방 이끼따이데스까

20 대화 다시듣기

A: 이것들 중에 어느 게 가장 먹고 싶습니까? □ □ □

B: 나는 지금은 어느 것도 먹고 싶지 않습니다.

(명사)~になる

~이(가) 되다

A: あなたは将来何になりたいですか。(しょうらい なに)

아나따와 쇼-라이 나니니 나리따이데스까

당신은 장래 무엇이 되고 싶습니까?

B: わたしは新聞記者になりたいです。(しんぶんきしゃ)

와따시와 심붕키샤니 나리따이데스

나는 신문기자가 되고 싶습니다.

학습포인트!

동사 なる는 '되다'라는 뜻으로 어떤 상태에서 다른 상태로 변하는 것을 나타내는데, 명사에 접속할 때는 ~になる 형태를 취하며 해석은 '~이(가) 되다'로 합니다. 우리말을 직역하여 ~がなる라고 하지 않도록 주의해야 합니다. なる는 なります(됩니다), なりません(되지 않습니다), なりました(되었습니다), なりたい(되고 싶다) 등처럼 5단동사로 활용을 합니다.

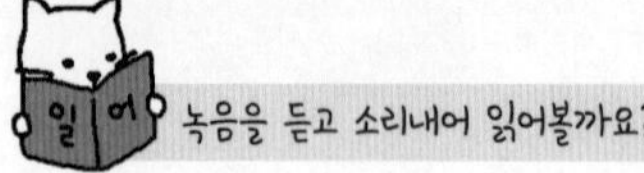

녹음을 듣고 소리내어 읽어볼까요?

당신은 선생님이 되고 싶습니까?

あなたは先生(せんせい)になりたいですか。

아나따와 센세-니 나리따이데스까

그는 일본 제일의 음악가가 되었습니다.

彼(かれ)は日本(にほん)一の音楽家(おんがくか)になりました。

카레와 니홍이찌노 옹가꾸까니 나리마시다

벌써 단풍의 계절이 되었군요.

もう紅葉(もみじ)の季節(きせつ)になりましたね。

모- 모미지노 기세쯔니 나리마시따네

선생님의 강의는 휴강이 되었습니다.

先生(せんせい)の講義(こうぎ)は休講(きゅうこう)になりました。

센세-노 코-기와 큐-꼬-니 나리마시다

벌써 오후 5시가 되었습니다.

もう午後(ごご)5時(じ)になりました。

모- 고고 고지니 나리마시다

이 아이는 장래 과학자가 되는 것입니다.

この子(こ)は将来(しょうらい)科学者(かがくしゃ)になることです。

고노 꼬와 쇼-라이 카가꾸샤니 나루 고또데스

---

21 대화 다시듣기

A: 당신은 장래 무엇이 되고 싶습니까? □ □ □

B: 나는 신문기자가 되고 싶습니다.

(형용사)~くなる

~하게 되다(해지다)

A: 髪(かみ)の毛(け)がずいぶん長(なが)くなりましたね。

카미노께가 즈이분 나가꾸 나리마시따네

머리카락이 무척 길었군요.

B: ええ、もう3か月(げつ)ですよ。

에-, 모- 상까게쯔데스요

예, 벌써 3개월이에요.

학습포인트!

동사 なる는 '되다'라는 뜻으로 어떤 상태에서 다른 상태로 변하는 것을 나타내는데, 형용사에 접속할 때는 ~くなる 형태를 취합니다. 즉, 어미 い가 く로 바뀌어 동사 なる가 접속되면 '~해지다, ~하게 되다'의 뜻으로 어떤 상태에서 다른 상태로 변화하는 것을 나타냅니다. なる는 なります(됩니다), なりたい(되고 싶다) 등처럼 5단동사로 활용을 합니다.

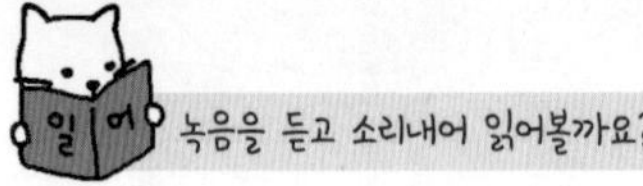

녹음을 듣고 소리내어 읽어볼까요?

점점 서늘해집니다.

だんだん涼(すず)しくなります。

단단 스즈시꾸 나리마스

가네코 양은 무척 아름다워졌습니다.

金子(かねこ)さんはずいぶん美(うつく)しくなりました。

가네꼬상와 즈이붕 우츠꾸시꾸 나리마시다

이제부터 일본어는 어려워집니다.

これから日本語(にほんご)は難(むずか)しくなります。

고레까라 니홍고와 무즈까시꾸 나리마스

7월부터 점점 무더워집니다.

7月(がつ)からだんだんむし暑(あつ)くなります。

시찌가쯔까라 단단 무시아츠꾸 나리마스

요즘 일은 바빠졌습니까?

このごろお仕事(しごと)は忙(いそが)しくなりましたか。

고노고로 오시고또와 이소가시꾸 나리마시다까

아드님은 무척 컸군요.

お子(こ)さんはずいぶん大(おお)きくなりましたね。

오꼬상와 즈이붕 오-키꾸 나리마시따네

22 대화 다시듣기

A: 머리카락이 무척 길었군요. □ □ □

B: 예, 벌써 3개월이에요.

(형용동사)~になる

~하게 되다(해지다)

A: お母(かあ)さんはもう元気(げんき)になりましたか。

오까-상와 모- 겡끼니 나리마시다까

어머니는 이제 건강해졌습니까?

B: はい、おかげさまで元気(げんき)になりました。

하이, 오까게사마데 겡끼니 나리마시다

네, 덕분에 건강해졌습니다.

학습포인트!

동사 なる는 '되다'라는 뜻으로 어떤 상태에서 다른 상태로 변하는 것을 나타내는데, 형용동사에 접속할 때는 ~になる 형태를 취합니다. 즉, 어미 だ가 に로 바뀌어 동사 なる가 접속되면 '~해지다, ~하게 되다'의 뜻으로 어떤 상태에서 다른 상태로 변화하는 것을 나타냅니다. なる는 なります(됩니다), なりたい(되고 싶다) 등처럼 5단동사로 활용을 합니다.

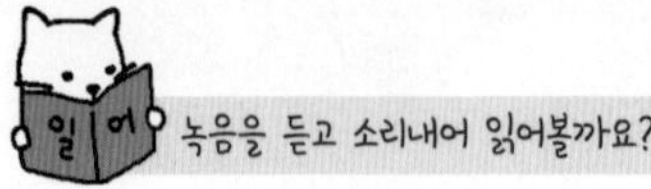

녹음을 듣고 소리내어 읽어볼까요?

이 거리도 깨끗해졌군요.

この街(まち)もきれいになりましたね。

고모 마찌모 기레-니 나리마시따네

약을 먹고 편해졌습니다.

薬(くすり)を飲(の)んで楽(らく)になりました。

구스리오 논데 라꾸니 나리마시다

김씨는 일본어가 능숙해졌습니다.

キムさんは日本語(にほんご)が上手(じょうず)になりました。

기무상와 니홍고가 죠-즈니 나리마시다

이 상품은 유명해졌습니다.

この商品(しょうひん)は有名(ゆうめい)になりました。

고노 쇼-힝와 유-메-니 나리마시다

나도 골프를 좋아하게 되었습니다.

わたしもゴルフが好(す)きになりました。

와따시모 고루후가 스끼니 나리마시다

이 주변도 상당히 조용해졌습니다.

この辺(あた)りもなかなか静(しず)かになりました。

고노 아따리모 나까나까 시즈까니 나리마시다

---

23 대화 다시듣기

A: 어머니는 이제 건강해졌습니까? □ □ □

B: 네, 덕분에 건강해졌습니다.

(형용사)~くする

~하게 하다

A: 部屋(へや)がちょっと暗(くら)くありませんか。

헤야가 춋또 구라꾸 아리마셍까

방이 좀 어둡지 않습니까?

B: そうですね。少(すこ)し明(あか)るくしましょうか。

소-데스네, 스꼬시 아까루꾸 시마쇼-까

그렇군요. 좀 밝게 할까요?

학습포인트!

동사 する는 '하다'라는 뜻을 가진 변격동사(します, しながら)로 형용사에 접속할 때는 ~くする 형태를 취합니다. 즉, 어미 い가 く로 바뀌어 동사 する가 접속되면 '~하게 하다'의 뜻으로 의지적인 변화를 주어 어떤 상태로 바꾸다는 뜻을 나타냅니다. 長い(길다)・長くする(길게 하다), 安い(싸다)・安くする(싸게 하다), 明るい(밝다)・明るくする(밝게 하다)

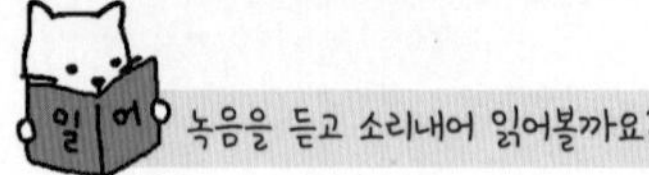

녹음을 듣고 소리내어 읽어볼까요?

바지 자락은 길게 하겠습니까?

ズボンのすそは長(なが)くしますか。

즈본노 스소와 나가꾸 시마스까

가격을 조금 싸게 했습니다.

値段(ねだん)を少(すこ)し安(やす)くしました。

네당오 스꼬시 야스꾸 시마시다

카레는 맵지 않게 했습니다.

カレーは辛(から)くなくしました。

카레-와 카라쿠나꾸 시마시다

빵을 조금 달게 했습니다.

パンを少(すこ)し甘(あま)くしました。

팡오 스꼬시 아마꾸 시마시다

이번에 벽을 페인트로 하얗게 했습니다.

今度(こんど)かべをペイントで白(しろ)くしました。

곤도 카베오 페인토데 시로꾸 시마시다

선풍기는 공기를 시원하게 합니다.

扇風機(せんぷうき)は空気(くうき)を涼(すず)しくします。

셈푸-끼와 쿠-끼오 스즈시꾸 시마스

24 대화 다시듣기

A: 방이 좀 어둡지 않습니까? □□□

B: 그렇군요. 좀 밝게 할까요?

(명사・형용동사)~にする

~으로 하다 / ~하게 하다

A: コーヒーにしますか。それとも紅茶(こうちゃ)にしますか。

코-히-니 시마스까, 소레또모 코-챠니 시마스까

커피로 하시겠습니까, 아니면 홍차로 하시겠습니까?

B: 熱(あつ)いコーヒーにします。

아쯔이 코-히-니 시마스

뜨거운 커피로 하겠습니다.

학습포인트!

동사 する는 '하다'라는 뜻을 가진 변격동사로 명사에 ~にする의 형태로 접속하면 우리말의 '~으로 하다'의 뜻으로 선택을 나타냅니다. 또한 형용동사에 접속할 때도 ~にする 형태를 취합니다. 즉, 어미 だ가 に로 바뀌어 동사 する가 접속되면 '~하게 하다'의 뜻으로 의지적인 변화를 주어 어떤 상태로 바꾸다는 뜻을 나타냅니다.

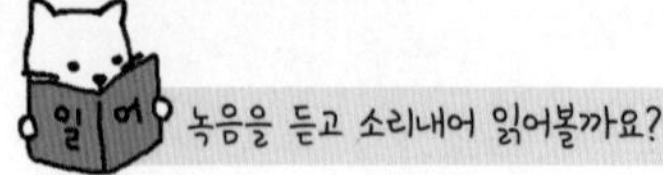

나는 차가운 맥주로 하겠습니다.

わたしは冷(つめ)たいビールにします。

와따시와 쓰메따이 비-루니 시마스

밥으로 하시겠어요, 빵으로 하시겠어요?

ご飯(はん)にしますか、パンにしますか。

고한니 시마스까, 판니 시마스까

스케줄을 좀 더 편하게 합시다.

スケジュールをもっと楽(らく)にしましょう。

스케쥬-루오 못또 라꾸니 시마쇼-

복장은 간소하게 합시다.

服装(ふくそう)は簡素(かんそ)にしましょう。

후꾸소-와 칸소니 시마쇼-

여러분, 여기서는 조용히 합시다.

皆(みな)さん、ここでは静(しず)かにしましょう。

미나상, 고꼬데와 시즈까니 시마쇼-

복잡한 것을 간단히 했습니다.

複雑(ふくざつ)なことを簡単(かんたん)にしました。

후꾸자쓰나 고또오 간딴니 시마시다

25 대화 다시듣기

A: 커피로 하시겠습니까, 아니면 홍차로 하시겠습니까? ☐ ☐ ☐

B: 뜨거운 커피로 하겠습니다.

내 손에서 만만하게 시작하는 포켓북 일본어 첫걸음!

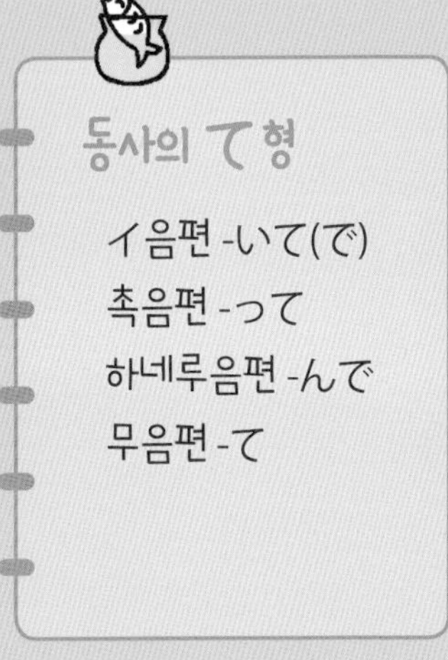

동사의 て형

イ음편 -いて(で)
촉음편 -って
하네루음편 -んで
무음편 -て

▶ 1단동사의 て형

상1단 · 하1단동사와 변격동사의 경우 접속조사 て가 이어질 때는 앞서 배운 ます가 접속할 때와 마찬가지로 어미 る가 생략된 형태에 이어집니다. 이것을 편의상 て형으로 하겠습니다.

기본형	의 미	~て	의 미
起(お)きる	일어나다	起きて	일어나고, 일어나서
食(た)べる	먹다	食べて	먹고, 먹어서

▶ イ음편

5단동사의 기본형 어미가 く · ぐ인 경우에 나열 · 동작의 연결 · 원인 · 이유 · 설명을 나타내는 접속조사 て가 이어질 때는 어미 く · ぐ가 い로 바뀝니다. 이것을 **い**음편이라고 합니다. 단, 어미가 ぐ인 경우는 탁음이 て에 이어져 で로 연탁이 되므로 주의해야 합니다.

기본형	의 미	~て	의 미
書(か)く	쓰다	書いて	쓰고, 써서
泳(およ)ぐ	헤엄치다	泳いで	헤엄치고, 헤엄쳐서

▶ 촉음편

5단동사의 기본형 어미가 う · つ · る인 경우에 나열 · 동작의 연결 · 원인 · 이유 · 설명을 나타내는 접속조사 て가 이어질 때는 어미 う · つ · る가 촉음 **っ**로 바뀝니다. 이것을 촉음편이라고 합니다.

기본형	의 미	~て	의 미
買(か)う	사다	買って	사고, 사서
待(ま)つ	기다리다	待って	기다리고, 기다려서
乗(の)る	타다	乗って	타고, 타서

▶ 하네루 음편

5단동사의 기본형 어미가 ぬ·む·ぶ인 경우에 나열·동작의 연결·원인·이유·설명을 나타내는 접속조사 て가 이어질 때는 어미 ぬ·む·ぶ가 하네루 음인 ん으로 바뀝니다. 이것을 하네루 음편이라고 합니다. 하네루 음편의 경우는 ん의 영향으로 접속조사 て가 で로 탁음이 됩니다.

기본형	의 미	~て	의 미
飲(の)む	마시다	飲んで	마시고, 마셔서
呼(よ)ぶ	부르다	呼んで	부르고, 불러서
死(し)ぬ	죽다	死んで	죽고, 죽어서

▶ 5단동사의 무음편과 예외

5단동사 중에 어미가 す로 끝나는 것은 ます가 접속될 때와 마찬가지로 음편을 하지 않습니다. 또한 5단동사 중에 유일하게 行く(가다)만은 い음편을 하지 않고 촉음편을 합니다.

기본형	의 미	~て	의 미
話(はな)す	이야기하다	話して	이야기하고
行(い)く	가다	行って	가고, 가서

▶ 변격동사의 て형

변격동사인 くる(오다)와 する(하다)에 나열 · 동작의 연결 · 원인 · 이유 · 설명을 나타내는 접속조사 て가 이어질 때도 ます가 접속될 때와 마찬가지로 어간이 き · し로 변하고 어미 る가 탈락됩니다.

▶ 예외적인 5단동사 て형

형태상 상1단, 하1단동사이지만 5단동사 활용을 하는 예외적인 5단동사는 어미가 る이므로 촉음편을 합니다.

기본형	~て(×)	~って(○)	의 미
知(し)る	知て	知って	알고, 알아서
入(はい)る	入て	入って	들어가고, 들어가서
走(はし)る	走て	走って	달리고, 달려서
帰(かえ)る	帰て	帰って	돌아가고, 돌아가서

Unit 01 (1단동사)~て

~하고, 하며, 해서

A: パーティーに何(なに)を着(き)て参加(さんか)しましたか。

파-티-니 나니오 기떼 상까시마시다까

파티에 무엇을 입고 참석했습니까?

B: 素敵(すてき)な背広(せびろ)を着(き)て参加(さんか)しました。

스떼끼나 세비로오 기떼 상까시마시다

멋진 양복을 입고 참석했습니다.

학습포인트!

1단동사(見る 보다, 起きる 일어나다, 寝る 자다, 食べる 먹다 등)에 나열, 동작의 연결, 원인, 이유, 설명을 나타내는 접속조사 て(~하며, ~하여, ~해서, ~하고)가 이어질 때는 앞서 배운 ます가 이어질 때와 마찬가지로 어미 동사임을 결정짓는 る가 탈락되며, 여기서 접속조사 て는 어떤 동작에서 다른 동작으로 이어주는 경우에 쓰입니다.

見る → 見て, 起きる → 起きて, 寝る → 寝て, 食べる → 食べて

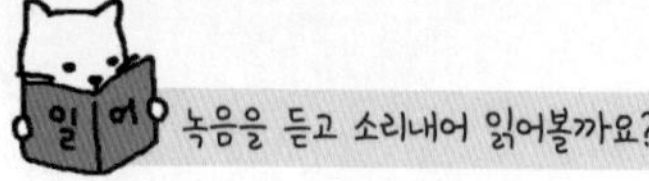

녹음을 듣고 소리내어 읽어볼까요?

아침에 일어나서 무엇을 합니까?

朝起きて何をしますか。

아사 오키떼 나니오 시마스까

운동복을 입고 조깅을 합니다.

スポーツウエアーを着てジョギングをします。

스포-츠우에아-오 기떼 죠깅구오 시마스

급한 일이 생겨서 가지 않았습니다.

急用ができて、行きませんでした。

큐-요-가 데키떼, 이끼마센데시다

열이 나서 쉬었습니다.

熱が出て、休みました。

네쯔가 데떼, 야스미마시다

텔레비전을 보고 신문을 읽습니다.

テレビを見て新聞を読みます。

테레비오 미떼 심붕오 요미마스

그는 개를 데리고 공원에 갔습니다.

彼は犬を連れて公園へ行きました。

카레와 이누오 쓰레떼 코-엥에 이끼마시다

01 대화 다시듣기

A: 파티에 무엇을 입고 참석했습니까?

B: 멋진 양복을 입고 참석했습니다.

☐ ☐ ☐

학습일 ／ 

(5단동사)~いて[で]·して

~하고, 하며, 해서

A: きのうはどうして会社(かいしゃ)を休(やす)みましたか。

기노-와 도-시떼 카이샤오 야스미마시다까

어제는 어째서 회사를 쉬었습니까?

B: ひどい風邪(かぜ)を引(ひ)いて病院(びょういん)へ行(い)きました。

히도이 카제오 하이떼 뵤-잉에 이끼마시다

심한 감기에 걸려서 병원에 갔습니다.

학습포인트!

5단동사의 어미 형태가 く ぐ(書く 쓰다, 脱ぐ 벗다)인 경우 나열, 동작의 연결, 원인, 이유, 설명을 나타내는 접속조사 て(~하며, ~하여, ~해서, ~하고)가 이어질 때는 い로 바뀌어 접속조사 て가 이어지며, 어미가 ぐ인 경우는 탁음이 て에 이어져 で가 됩니다. 이것을 イ음편이라고 합니다. 그러나 어미가 す인 경우는 음편을 하지 않고 ます가 접속할 때와 동일합니다.

書く → 書いて, 脱ぐ → 脱いで

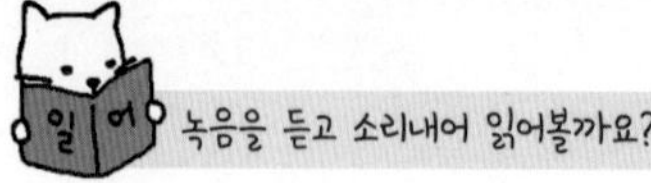

녹음을 듣고 소리내어 읽어볼까요?

감기에 걸려 학교를 쉬었습니다.

風邪(かぜ)を引(ひ)いて、学校(がっこう)を休(やす)みました。

카제오 히이떼, 각꼬-오 야스미마시다

전등을 끄고 침대에 들어갔습니다.

電灯(でんとう)を消(け)して、ベッドに入(はい)りました。

덴또-오 게시떼, 벳도니 하이리마시다

글자를 써서 설명을 했습니다.

字(じ)を書(か)いて、説明(せつめい)をしました。

지오 가이떼, 세쯔메-오 시마시다

외투를 벗고 안으로 들어갔습니다.

外套(がいとう)を脱(ぬ)いで、中(なか)に入(はい)りました。

가이또-오 누이데, 나까니 하이리마시다

풀장에서 헤엄치고 집에 왔습니다.

プールで泳(およ)いで、うちへ帰(かえ)りました。

푸-루데 오요이데, 우찌에 가에리마시다

편지를 부치고 회사에 갔습니다.

手紙(てがみ)を出(だ)して会社(かいしゃ)へ行(い)きました。

데가미오 다시떼 카이샤에 이끼마시다

02 대화 다시듣기

A: 어제는 어째서 회사를 쉬었습니까? □ □ □

B: 심한 감기에 걸려서 병원에 갔습니다.

(5단동사)~って

~하고, 하며, 해서

A: きのうだれかに会(あ)いましたか。

기노- 다레까니 아이마시다까

어제 누군가를 만났습니까?

B: はい、友(とも)だちに会(あ)って公園(こうえん)で散歩(さんぽ)をしました。

하이, 도모다찌니 앗떼 코-엔데 삼뽀오 시마시다

네, 친구를 만나서 공원에서 산책을 했습니다.

5단동사의 어미 형태가 う つ る(会う 만나다, 持つ 들다, ある 있다)인 경우 나열, 동작의 연결, 원인, 이유, 설명을 나타내는 접속조사 て(~하며, ~하여, ~해서, ~하고)가 이어질 때는 촉음 っ로 바뀌어 접속조사 て가 이어집니다. 이것을 촉음편이라고 합니다.

会う → 会って, 持つ → 持って, ある → あって

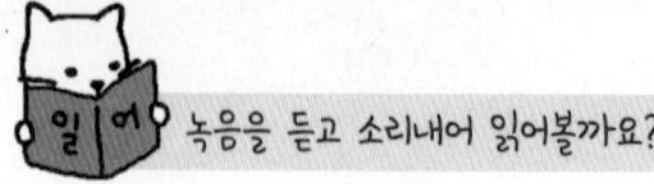

친구를 만나서 영화를 보았습니다.

友達(ともだち)に会(あ)って映画(えいが)を見(み)ました。

도모다찌니 앗떼 에-가오 미마시다

그 서점은 책도 팔고, 커피도 팔았습니다.

あの書店(しょてん)は本(ほん)も売(う)って、コーヒーも売(う)りました。

아노 쇼뗑와 홈모 웃떼, 코-히-모 우리마시다

선물을 들고 고향에 갔습니다.

お土産(みやげ)を持(も)って国(くに)へ帰(かえ)りました。

오미야게오 못떼 구니에 가에리마시다

역에서 요시무라 씨도 기다리고 나카무라 씨도 기다렸습니다.

駅(えき)で吉村(よしむら)さんも待(ま)って、中村(なかむら)さんも待(ま)ちました。

에끼데 요시무라삼모 맛떼, 나까무라삼모 마찌마시다

버스를 타고 회사에 갑니다.

バスに乗(の)って会社(かいしゃ)へ行(い)きます。

바스니 놋떼 카이샤에 이끼마스

백화점에 가서 무엇을 샀습니까?

デパートへ行(い)って何(なに)を買(か)いましたか。

데파-토에 잇떼 나니오 가이마시다까

---

03 대화 다시듣기

A: 어제 누군가를 만났습니까? □ □ □

B: 네, 친구를 만나서 공원에서 산책을 했습니다.

(5단동사)~んで

~하고, 하며, 해서

A: 薬(くすり)を飲(の)んでよくなりましたか。

구스리오 논데 요꾸 나리마시다까

약을 먹고 좋아졌습니까?

B: はい、薬(くすり)を飲(の)んでぐっすり寝(ね)ました。

하이, 구스리오 논데 굿스리 네마시다

네, 약을 먹고 푹 잤습니다.

학습포인트!

5단동사의 어미 형태가 む ぶ ぬ(飲む 마시다, 呼ぶ 부르다, 死ぬ 죽다)인 경우 나열, 동작의 연결, 원인, 이유, 설명을 나타내는 접속조사 て(~하며, ~하여, ~해서, ~하고)가 이어질 때는 발음 ん으로 바뀌어 접속조사 て가 이어지며 집니다. 이것을 발음편(撥音便)이라고 하며, 접속조사 て는 ん의 영향을 받아 で로 탁음이 됩니다.

飲む → 飲んで, 呼ぶ → 呼んで, 死ぬ → 死んで

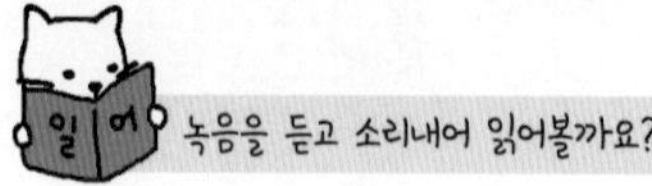

녹음을 듣고 소리내어 읽어볼까요?

귀여운 개가 죽어 울었습니다.

かわいい犬(いぬ)が死(し)んで、泣(な)きました。

가와이- 이누가 신데, 나끼마시다

좀 쉬고 일을 시작하겠습니다.

少(すこ)し休(やす)んで仕事(しごと)を始(はじ)めます。

스꼬시 야슨데 시고또오 하지메마스

어젯밤은 책을 읽고 잤습니다.

ゆうべは本(ほん)を読(よ)んで寝(ね)ました。

유-베와 홍오 욘데 네마시다

어제 주스도 마시고 맥주도 마셨습니다.

きのうジュースも飲(の)んで、ビールも飲(の)みました。

기노- 쥬-스모 논데, 비-루모 노미마시다

새는 하늘을 날고, 사람들은 공원을 걸었습니다.

鳥(とり)は空(そら)を飛(と)んで、人々(ひとびと)は公園(こうえん)を歩(ある)きました。

도리와 소라오 돈데, 히토비또와 코-엥오 아루끼마시다

여러분의 이름을 불러 보겠습니다.

みなさんの名前(なまえ)を呼(よ)んでみます。

미나산노 나마에오 욘데 미마스

---

04 대화 다시듣기

A: 약을 먹고 좋아졌습니까? □ □ □

B: 네, 약을 먹고 푹 잤습니다.

(변격동사)~て/(예외동사)~って

~하고, 하며, 해서

A: あなたはこの店(みせ)に来(き)て何(なに)を買(か)いましたか。

아나따와 고노 미세니 기떼 나니오 가이마시다까

당신은 이 가게에 와서 무엇을 샀습니까?

B: ここに来(き)てネクタイを買(か)いました。

고꼬니 기떼 네쿠타이오 가이마시다

여기에 와서 넥타이를 샀습니다.

학습포인트!

변격동사 くる와 する는 접속조사 て가 이어질 때 음편을 하지 않고 앞서 배운 ます가 접속될 때와 동일하게 어간이 き와 し로 변하여 て가 이어집니다. 5단동사 行く(가다)는 어미가 く인데도 불구하고 イ음편을 하지 않고 行って로 촉음편을 합니다. 또한 형태상 1단동사이면서도 5단활용을 하는 동사(帰る, 要る, 入る 등)도 어미가 る이기 때문에 촉음편을 합니다.

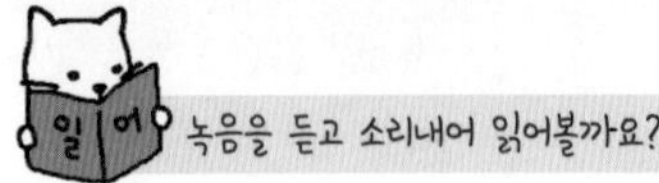

녹음을 듣고 소리내어 읽어볼까요?

늦잠을 자서 지각했습니다.

朝寝坊(あさねぼう)をして遅刻(ちこく)しました。

아사네보-오 시떼 치코꾸시마시다

밖에서 무엇을 하고 집에 갔습니까?

外(そと)で何(なに)をしてうちへ帰(かえ)りましたか。

소또데 나니오 시떼 우찌에 가에리마시다까

친구가 와서 테니스를 하고 놀았습니다.

友達(ともだち)が来(き)てテニスをして遊(あそ)びました。

도모다찌가 기떼 테니스오 시떼 아소비마시다

집에 가서 청소를 했습니다.

うちへ帰(かえ)って掃除(そうじ)をしました。

우찌에 가엣떼 소-지오 시마시다

방에 들어와서 음악을 들었습니다.

部屋(へや)に入(はい)って音楽(おんがく)を聞(き)きました。

헤야니 하잇데 옹가꾸오 기끼마시다

차가 달리고, 옆에는 사람이 걸어갔습니다.

車(くるま)が走(はし)って、そばには人(ひと)が歩(ある)いて行(い)きました。

구루마가 하싯떼, 소바니와 히또가 아루이떼 이끼마시다

---

05 대화 다시듣기

A: 당신은 이 가게에 와서 무엇을 샀습니까? □ □ □

B: 여기에 와서 넥타이를 샀습니다.

Unit 06 (동사)~ている

~하고 있다

A: 今(いま)、何(なに)をしていますか。

이마, 나니오 시떼 이마스까

지금, 무엇을 하고 있습니까?

B: 試験(しけん)の勉強(べんきょう)をしています。

시껜노 벵꾜-오 시떼 이마스

시험공부를 하고 있습니다.

학습포인트!

동사에 접속조사 て가 접속한 형태에 보조동사 いる(있다)가 접속된 ~ている는 우리말의 '~하고 있다'라는 뜻으로 동작이나 작용의 진행 상태를 나타냅니다. 1단동사의 경우는 음편이 ます가 접속할 때와 마찬가지이며, 5단동사의 경우는 음편이 있습니다. 단, 어미가 ぐ ぬ ぶ む인 경우는 ~でいる가 되며, 변격동사는 어간이 변하며 来ている, している가 됩니다.

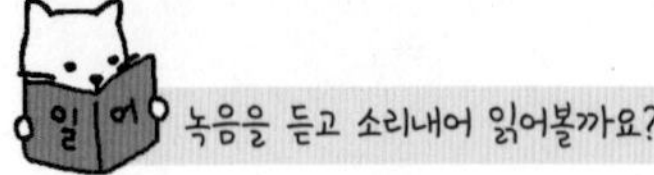

녹음을 듣고 소리내어 읽어볼까요?

김씨는 식료품을 사고 있습니다.

キムさんは食料品(しょくりょうひん)を買(か)っています。

기무상와 쇼꾸료-힝오 갓떼 이마스

당신은 무엇을 하고 있었습니까?

あなたは何(なに)をしていましたか。

아나따와 나니오 시떼 이마시다까

그는 레스토랑에서 무엇을 먹고 있습니까?

彼(かれ)はレストランで何(なに)を食(た)べていますか。

카레와 레스토란데 나니오 다베떼 이마스까

차가 많이 달리고 있습니다.

車(くるま)がたくさん走(はし)っています。

구루마가 닥상 하싯떼 이마스

그는 밥을 먹고 이를 닦고 있습니다.

彼(かれ)はご飯(はん)を食(た)べて歯(は)を磨(みが)いています。

카레와 고항오 다베떼 하오 미가이떼 이마스

차가운 주스를 마시고 있습니다.

冷(つめ)たいジュースを飲(の)んでいます。

쓰메다이 쥬-스오 논데 이마스

06 대화 다시듣기

A: 지금, 무엇을 하고 있습니까?

B: 시험공부를 하고 있습니다.

☐ ☐ ☐

학습일 /

(동사)~ている

~되어 있다

말해볼까요?

A: あなたは誰(だれ)かに似(に)ていますか。

아나따와 다레까니 니떼 이마스까

당신은 누군가 닮았습니까?

B: はい、わたしは父親(ちちおや)によく似(に)ています。

하이, 와따시와 치찌오야니 요꾸 니떼 이마스

네, 저는 아버지를 많이 닮았습니다.

학습포인트!

동사에 접속하는 ~ている는 동사의 성질에 따라서 동작의 결과로 생긴 상태를 나타내기도 합니다. 이때는 주로 우리말의 '~어 있다'으 뜻으로 상태를 나타내는 동사가 옵니다. 또한 단순히 상태만을 나타내는 동사는 '似(に)る 닮다, そびえる 솟다, すぐれる 뛰어나다' 등이 있으며, 이들 동사는 기본형 상태로 쓰이는 일은 없으며 반드시 ~ている의 형태로만 쓰입니다.

일어 녹음을 듣고 소리내어 읽어볼까요?

요시다씨는 결혼했습니다.

吉田(よしだ)さんは結婚(けっこん)しています。

요시다상와 겍꼰시떼 이마스

꽃이 많이 피어 있습니다.

花(はな)がたくさん咲(さ)いています。

하나가 닥상 사이떼 이마스

시계가 멈춰 있습니다.

時計(とけい)が止(と)まっています。

도께-가 도맛떼 이마스

벌레가 죽어 있습니다.

虫(むし)が死(し)んでいます。

무시가 신데 이마스

부인은 빨간 모자를 쓰고 있습니까?

奥(おく)さんは赤(あか)い帽子(ぼうし)をかぶっていますか。

옥상와 아까이 보-시오 가붓떼 이마스까

요시다 선생님은 학자로서 뛰어납니다.

吉田先生(よしだせんせい)は学者(がくしゃ)として優(すぐ)れています。

요시다 센세-와 가꾸샤도시떼 스구레떼 이마스

07 대화 다시듣기

A: 당신은 누군가 닮았습니까? □ □ □

B: 네, 저는 아버지를 많이 닮았습니다.

(동사)~てある

~되어 있다

A: 野村(のむら)さん、ファイルはどこにありますか。

노무라상, 화이루와 도꼬니 아리마스까

노무라씨, 파일은 어디에 있습니까?

B: 上(うえ)から2番目(ばんめ)の引(ひ)き出(だ)しに入(い)れてあります。

우에까라 니밤메노 히끼다시니 이레떼 아리마스

위에서 두 번째 서랍에 들어 있습니다.

학습포인트!

본동사로 쓰일 때 いる는 생물의 존재, ある는 무생물의 존재를 나타내지만, 보조동사로 쓰이는 ~ている는 동사에 따라 진행(~하고 있다)을 나타내기도 하고 상태(~해 있다)를 나타내기도 합니다. 그러나 타동사에 접속조사 て가 접속된 형태에 상태를 나타내는 보조동사 ある(있다)가 접속된 ~てある는 '~되어 있다'의 뜻으로 행위나 동작의 결과의 상태를 나타냅니다.

일어 녹음을 듣고 소리내어 읽어볼까요?

벽에 지도가 붙어 있습니다.

かべ　ちず　は

壁に地図が貼ってあります。

카베니 치즈가 핫떼 아리마스

피아노 그림이 걸려 있습니다.

え

ピアノの絵がかけてあります。

피아노노 에가 가케떼 아리마스

물건이 깨끗이 진열되어 있군요.

しなもの　なら

品物がきれいに並べてありますね。

시나모노가 기레-니 나라베떼 아리마스네

방에 장미꽃이 장식되어 있습니다.

へや　はな　かざ

部屋にバラの花が飾ってあります。

헤야니 바라노 하나가 가잣떼 아리마스

테이블에 과일이 놓여 있습니다.

くだもの　お

テーブルに果物が置いてあります。

테-부루니 구다모노가 오이떼 아리마스

노트에는 이름이 적혀 있습니까?

なまえ　か

ノートには名前が書いてありますか。

노-토니와 나마에가 가이떼 아리마스까

08 대화 다시듣기

A: 노무라씨, 파일을 어디에 있습니까? □ □ □

B: 위에서 두 번째 서랍에 들어 있습니다.

(동사)~てある

~해두다

A: コンサートのチケットは買(か)いましたか。

콘사-토노 치켓토와 가이마시다까

콘서트 티켓은 샀습니까?

B: はい、先週(せんしゅう)もう買(か)ってありました。

하이, 센슈- 모- 갓떼 아리마시다

네, 지난주에 이미 사 두었습니다.

타동사에 접속조사 て가 이어진 형태에 상태를 나타내는 보조동사 ある가 접속된 ~てある는 '~해 두다'의 뜻으로 준비한 행위나 동작의 완료를 나타냅니다. 보조동사로 쓰이는 いる와 ある도 본동사와 마찬가지로 활용합니다. ~ています, ~ていません, ~ていて, ~てあります, ~てありません, ~てあって

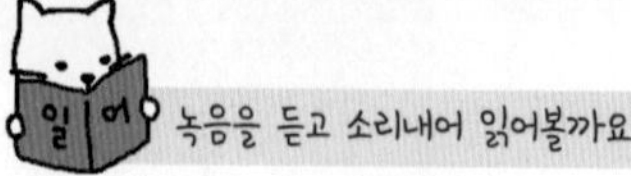

그 소설은 이미 읽었습니다.

あの小説はもう読んであります。

아노 쇼-세쯔와 모- 욘데 아리마스

벌써 환전해 두었습니다.

もう両替してありました。

모- 료-가에시떼 아리마시다

정원에는 작은 나무가 심어져 있습니다.

庭には小さな木が植えてあります。

니와니와 치이사나 기가 우에떼 아리마스

재료를 잘라 두었습니다.

材料を切ってありました。

자이료-오 깃떼 아리마시다

대금은 이미 지불해 두었습니다.

代金はもう払ってありました。

다이낑와 모- 하랏떼 아리마시다

여행 준비를 해 두었습니까?

旅行の準備をしてありましたか。

료꼬-노 쥼비오 시떼 아리마시다까

09 대화 다시듣기

A: 콘서트 티켓은 샀습니까? □ □ □

B: 네, 지난주에 이미 사 두었습니다.

Unit 10 (동사)~ておく

~해두다

A: 君(きみ)、見積書(みつもりしょ)、できているかね。

기미, 미쓰모리쇼, 데끼떼 이루까네

자네, 견적서 되었는가?

B: はい、デスクの上(うえ)に提出(ていしゅつ)しておきました。

하이, 데스쿠노 우에니 테-슈쯔시떼 오끼마시다

네, 데스크 위에 제출해 두었습니다.

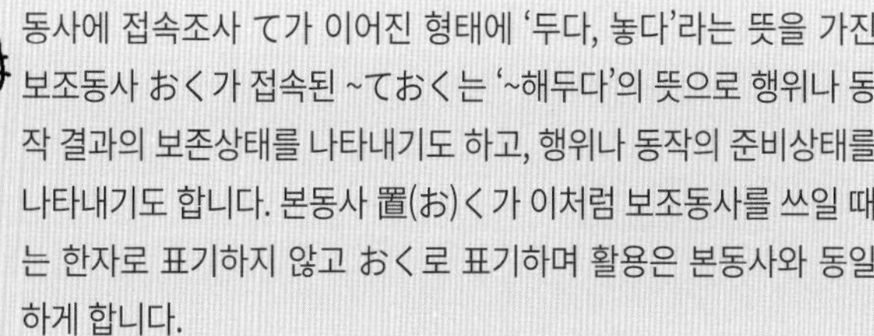

동사에 접속조사 て가 이어진 형태에 '두다, 놓다'라는 뜻을 가진 보조동사 おく가 접속된 ~ておく는 '~해두다'의 뜻으로 행위나 동작 결과의 보존상태를 나타내기도 하고, 행위나 동작의 준비상태를 나타내기도 합니다. 본동사 置(お)く가 이처럼 보조동사를 쓰일 때는 한자로 표기하지 않고 おく로 표기하며 활용은 본동사와 동일하게 합니다.

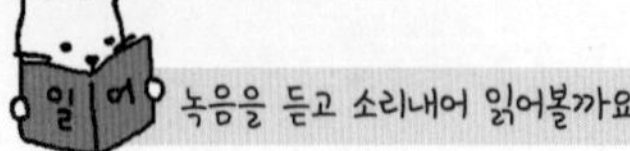

녹음을 듣고 소리내어 읽어볼까요?

자료는 파일로 보존해 두겠습니다.

資料(しりょう)はファイルに保存(ほぞん)しておきます。

시료-와 화이루니 호존시떼 오끼마스

가방을 저 로커에 보관해 두었습니다.

かばんをあのロッカーに保管(ほかん)しておきました。

가방오 아노 록카-니 호깐시떼 오끼마시다

장미꽃을 거실에 장식해 둡니다.

バラの花(はな)を居間(いま)に飾(かざ)っておきます。

바라노 하나오 이마니 카잣떼 오끼마스

맥주를 차갑게 해두었습니다.

ビールを冷(ひ)やしておきました。

비-루오 히야시떼 오끼마시다

과자랑 음료수를 사두었습니다.

お菓子(かし)や飲(の)み物(もの)を買(か)っておきました。

오까시야 노미모노오 갓떼 오끼마시다

그럼, 지금 뭔가 먹어 두겠습니다.

じゃ、今(いま)のうち、何(なん)か食(た)べておきます。

쟈, 이마노 우찌, 나니까 다베떼 오끼마스

---

10 대화 다시듣기

A: 자네, 견적서 되었는가? ☐ ☐ ☐

B: 네, 데스크 위에 제출해 두었습니다.

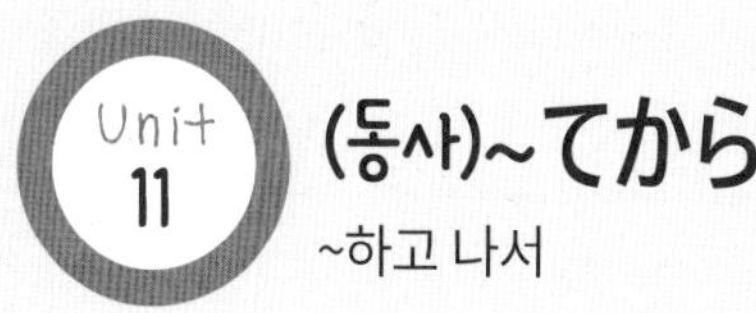

(동사)~てから

~하고 나서

A: お友(とも)だちに会(あ)って、何(なに)をしましたか。

오토모다찌니 앗떼, 나니오 시마시다까

친구를 만나서 무엇을 했습니까?

B: 映画(えいが)を見(み)てから、ビールも飲(の)みました。

에-가오 미떼까라, 비-루모 노미마시다

영화를 보고 나서 맥주를 마셨습니다.

동사에 접속조사 て가 이어진 형태에 조사 から가 접속된 ~てから는 우리말의 '~하고 나서'의 뜻으로 앞의 동작이 일어난 후에 다른 동작이 행하여지는 것을 나타냅니다. 반대로 동사의 기본형에 まえに를 접속하면 '~하기 전에'의 뜻으로 동작이 일어나기 전의 상태를 나타냅니다. 会ってから(만나고 나서), 飲んでから(마시고 나서), 見てから(보고 나서)

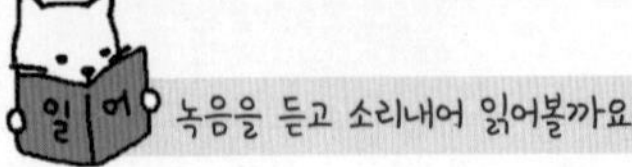

녹음을 듣고 소리내어 읽어볼까요?

돈을 모으고 나서 결혼하겠습니다.

お金(かね)をためてから、結婚(けっこん)します。

오까네오 다메떼까라, 겍꼰시마스

복습하고 나서 새 내용을 공부합니다.

復習(ふくしゅう)してから、新(あたら)しい内容(ないよう)を勉強(べんきょう)します。

후꾸슈-시떼까라, 아따라시- 나이요-오 벵꾜-시마스

집에 가서 무엇을 합니까?

家(いえ)に帰(かえ)ってから、何(なに)をしますか。

이에니 가엣떼까라, 나니오 시마스까

운동을 하고 나서 샤워를 합니다.

運動(うんどう)をしてから、シャワーを浴(あ)びます。

운도-오 시떼까라, 샤와-오 아비마스

과일은 잘 씻고 나서 먹습니까?

果物(くだもの)はよく洗(あら)ってから食(た)べますか。

구다모노와 요꾸 아랏떼까라 다베마스까

텔레비전을 보고 나서 숙제를 했습니다.

テレビを見(み)てから宿題(しゅくだい)をしました。

테레비오 미떼까라 슈꾸다이오 시마시다

---

11 대화 다시듣기

□ □ □

A: 친구를 만나서 무엇을 했습니까?

B: 영화를 보고 나서 맥주를 마셨습니다.

(동사)~てみる

~해보다

A: ゆうべから少(すこ)し熱(ねつ)があります。

유-베까라 스꼬시 네쯔가 아리마스

어젯밤부터 조금 열이 있습니다.

B: あ、そうですか。体温計(たいおんけい)で計(はか)ってみます。

아, 소-데스까. 타이옹께-데 하깟떼 미마스

아, 그래요? 체온계로 재보겠습니다.

학습포인트!

동사에 접속조사 て가 이어진 형태에 보조동사 みる가 접속하여 ~てみる의 형태가 되면 '~해보다'의 뜻으로 뭔가를 시도하다라는 의미를 나타냅니다. 이처럼 보조동사로 쓰일 때는 見る라고 한자로 표기하지 않습니다. ~てみる도 본동사 見る와 마찬가지로 1단 활용을 합니다. ~てみます, ~てみません, ~てみました, ~てみたい, ~てみながら, ~てみて

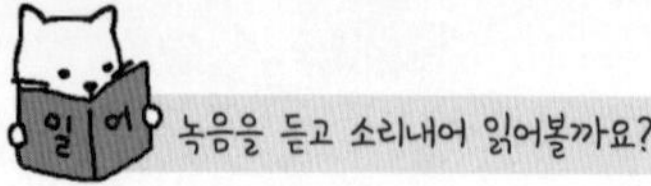

공석이 있는지 없는지 물어보겠습니다.

空席(くうせき)があるかどうか聞(き)いてみます。

쿠-세끼가 아루까 도-까 기이떼 미마스

체온계로 재보겠습니다.

体温計(たいおんけい)で計(はか)ってみます。

타이옹께-데 하깟떼 미마스

알몸으로 헤엄쳐보지 않겠어요?

はだかになって泳(およ)いでみませんか。

하다까니 낫떼 오요이데 미마셍까

오늘 해보겠습니다.

今日(きょう)やってみます。

쿄- 얏떼 미마스

원숭이는 재주를 해보였습니다.

猿(さる)は芸(げい)をやってみせました。

사루와 게-오 얏떼 미세마시다

그녀는 플라밍고를 춤춰 보였습니다.

彼女(かのじょ)はフラメンコを踊(おど)ってみせました。

카노죠와 후라멩코오 오돗떼 미세마시다

12 대화 다시듣기

A: 어젯밤부터 조금 열이 있습니다. □□□

B: 아, 그래요? 체온계로 재보겠습니다.

(동사)~てしまう

~해버리다

A: 今日(きょう)、野球(やきゅう)の試合(しあい)はどうでしたか。

쿄-, 야뀨노 시아이와 도-데시다까

오늘 야구 시합은 어땠습니까?

B: 残念(ざんねん)ながら、三対二(さんたいに)で負(ま)けてしまいました。

잔넨나가라, 산 따이 니데 마께떼 시마이마시다

유감스럽게도 3대 2로 지고 말았습니다.

학습포인트!

동사에 접속조사 て가 이어진 형태에 보조동사 しまう가 접속하면 '~해버리다, ~하고 말다'의 뜻으로 행위나 동작의 완료를 나타냅니다. 또한 회화체에서는 ~てしまう(でしまう)를 ~ちゃう(ぢゃう)로 줄여서 말하기도 합니다. ~てしまう는 단순한 완료를 나타내기도 하지만, 동작이나 작용의 완료에 따르는 난처함이나 유감스러움을 나타내기도 합니다.

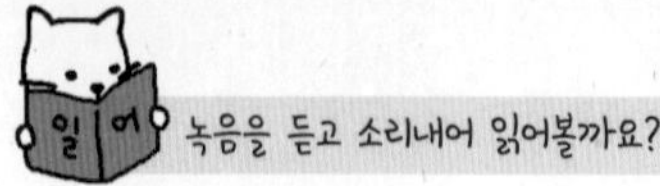

녹음을 듣고 소리내어 읽어볼까요?

일본어를 마스터해버렸습니다.

日本語(にほんご)をマスターしてしまいました。

니홍고오 마스타-시떼 시마이마시다

모두 외출해버려서 집에는 아무도 없습니다.

みんな出(で)かけてしまって、家(いえ)には誰(だれ)もいません。

민나 데카께떼 시맛떼, 이에니와 다레모 이마셍

나는 긴 머리를 잘라 버렸습니다.

わたしは長(なが)い髪(かみ)を刈(か)ってしまいました。

와따시와 나가이 가미오 갓떼 시마이마시다

배탈이 나고 말았습니다.

おなかをこわしてしまいました。

오나까오 고와시떼 시마이마시다

내릴 역을 지나쳐버렸습니다.

降(お)りる駅(えき)を過(す)ぎてしまいました。

오리루 에끼오 스기떼 시마이마시다

그 회사는 이미 그만둬버렸습니다.

あの会社(かいしゃ)はもう辞(や)めてしまいました。

아노 카이샤와 모- 야메떼 시마이마시다

13 대화 다시듣기

A: 오늘 야구 시합은 어땠습니까? □ □ □

B: 유감스럽게도 3대 2로 지고 말았습니다.

(동사)~ていく

~해가다(해지다)

A: もうじき6月(がつ)になりますよ。

모-지끼 로꾸가쯔니 나리마스요

이제 곧 6월이 되어요.

B: あ、そうですか。これから暑(あつ)くなっていきますね。

아, 소-데스까. 고레까라 아쯔꾸 낫떼 이끼마스네

아, 그래요?
이제부터 더워지겠군요.

학습포인트!

동사에 접속조사 て가 이어진 형태에 보조동사 いく(가다)가 접속하면 점차로 어떤 상태로 되어가는 것을 나타냅니다. 보조동사로 쓰일 때는 行く(가다)라고 한자로 표기하지 않습니다. 行く는 5단 동사이지만 예외적으로 イ음편을 하지 않고 촉음편을 합니다.
暑くなっていきます는 형용사 暑い(덥다)에 '되다'라 뜻의 なる에 보조동사 いく가 접속된 형태입니다.

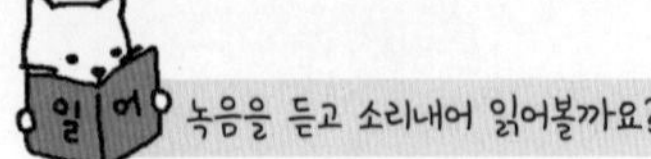

녹음을 듣고 소리내어 읽어볼까요?

모든 물가가 올라갑니다.

諸物価(しょぶっか)が値上(ねあ)がりしていきます。

쇼북까가 네아가리시떼 이끼마스

벚꽃이 져갑니다.

桜(さくら)の花(はな)が散(ち)っていきます。

사꾸라노 하나가 칫떼 이끼마스

지금부터 추워지겠군요.

これから寒(さむ)くなっていきますね。

고레까라 사무꾸낫떼 이끼마스네

점점 병은 무거워집니다.

ますます病気(びょうき)は重(おも)くなっていきます。

마스마스 뵤-끼와 오모꾸낫떼 이끼마스

봄이 되어 눈도 녹아갑니다.

春(はる)になって、雪(ゆき)も溶(と)けていきます。

하루니 낫떼, 유끼모 도케떼 이끼마스

어려운 책을 술술 읽어나갑니다.

難(むずか)しい本(ほん)を読(よ)み進(すす)めていきます。

무즈까시- 홍오 요미스스메떼 이끼마스

---

14 대화 다시듣기

A: 이제 곧 6월이 되어요. □ □ □

B: 아, 그래요? 이제부터 더워지겠군요.

Unit 15 (동사)~てくる

~해오다(해지다)

말해볼까요?

A: ここの生活(せいかつ)ももう1年(ねん)になりましたね。

고꼬노 세-카쯔모 모- 이찌넨니 나리마시다까

여기 생활도 벌써 1년이 되었군요.

B: ええ、ここの生活(せいかつ)にもずいぶん慣(な)れてきましたよ。

에-, 고꼬노 세-카쯔니모 즈이분 나레떼 기마시따요

예, 여기 생활도 무척 익숙해졌어요.

학습포인트!

동사에 접속조사 て가 이어진 형태에 보조동사 くる(오다)가 접속한 ~てくる는 '~해오다, ~해지다'의 뜻으로 앞서 배운 ~ていく와는 반대로 어떤 상태로 변화되어 오는 과정을 나타냅니다. 보조동사로 쓰일 때는 来る(오다)라고 한자로 표기하지 않습니다. 정격동사는 어간이 변하지 않지만, 来る는 변격동사로 다른 말이 접속하여 활용할 때 어간이 변합니다.

일어 녹음을 듣고 소리내어 읽어볼까요?

점점 살이 쪘습니다.

だんだん太(ふと)ってきました。
단단 후톳떼 기마시다

공부가 재미있어졌습니다.

勉強(べんきょう)が面白(おもしろ)くなってきました。
벵꾜-가 오모시로꾸 낫떼 기마시다

거리의 네온이 밝아졌습니다.

街(まち)のネオンが輝(かがや)いてきました。
마찌노 네옹가 카가야이떼 기마시다

일본 생활에 익숙해졌습니다.

日本(にほん)の生活(せいかつ)に慣(な)れてきました。
니혼노 세-카쯔니 나레떼 기마시다

체중이 점점 줄어들었습니다.

体重(たいじゅう)がだんだん減(へ)ってきました。
타이쥬-가 단단 헷떼 기마시다

이제 곧 날이 밝아옵니다.

もうすぐ夜(よ)が開(あ)けてきます。
모- 스구 요가 아께떼 기마스

15 대화 다시듣기

A: 여기 생활도 벌써 1년이 되었군요.

B: 예, 여기 생활도 무척 익숙해졌어요.

~から

~이(하)니까, ~이어(해)서

A: あしたはうちにいませんか。

아시따와 우찌니 이마셍까

내일은 집에 없습니까?

B: いいえ、あしたは暇(ひま)だから、うちにいます。

이-에, 아시따와 히마다까라, 우찌니 이마스

아니오, 내일은 한가하니까 집에 있습니다.

학습포인트!

활용어(동사, 형용사, 형용동사, 조동사)에 접속하는 から는 우리말의 '~하니까, ~하므로, ~해서' 등의 뜻으로 뒤의 사항의 원인이나 이유를 말하며, 접속조사로 쓰이는 から는 주로 말하는 사람의 주관적인 원인이나 이유를 나타냅니다. 단정을 나타내는 だ(です)에 から가 접속되면 '~이니까, ~이므로'의 뜻으로 ~だから보다 ~ですから가 정중한 표현입니다.

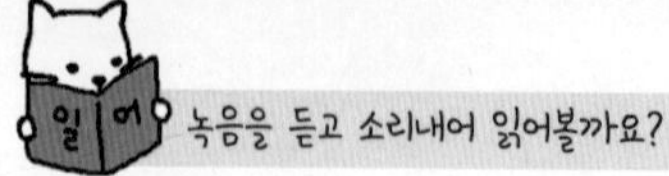

깨지기 쉬운 물건이니까 주의했습니다.

壊(こわ)れやすい物(もの)だから注意(ちゅうい)しました。

고와레야스이 모노다까라 츄-이시마시다

조용해서 무척 살기 좋습니다.

静(しず)かだから、とても住(す)みやすいです。

시즈까다까라, 도떼모 스미야스이데스

9시부터 수업이니까 서둘러서 갑시다.

9時(じ)から授業(じゅぎょう)ですから、急(いそ)いで行(い)きましょう。

쿠지까라 쥬교-데스까라, 이소이데 이끼마쇼-

비가 내리니까 산책은 그만둡시다.

雨(あめ)が降(ふ)っているから、散歩(さんぽ)はやめましょう。

아메가 훗떼 이루까라, 삼뽀와 야메마쇼-

거기 레스토랑은 싸니까 자주 갑니다.

あそこのレストランは安(やす)いから、よく行(い)きます。

아소꼬노 레스토랑와 야스이까라, 요꾸 이끼마스

볼일이 있어서 좀 늦게 갑니다.

用事(ようじ)があるから、ちょっと遅(おく)れて行(い)きます。

요-지가 아루까라, 춋또 오꾸레떼 이끼마스

A: 내일은 집에 없습니까? □ □ □

B: 아니오, 내일은 한가하니까 집에 있습니다.

~(な)ので

~이기(하기)때문에, ~이(하)므로

A: ここは家賃(やちん)も安(やす)いですね。

고꼬와 야찡모 야스이데스네

여기는 집세도 싸군요.

B: はい、交通(こうつう)が不便(ふべん)なので少(すこ)し安(やす)いほうです。

하이, 코-쓰-가 후벤나노데 스꼬시 야스이 호-데스

**네, 교통이 불편해서
조금 싼 편입니다.**

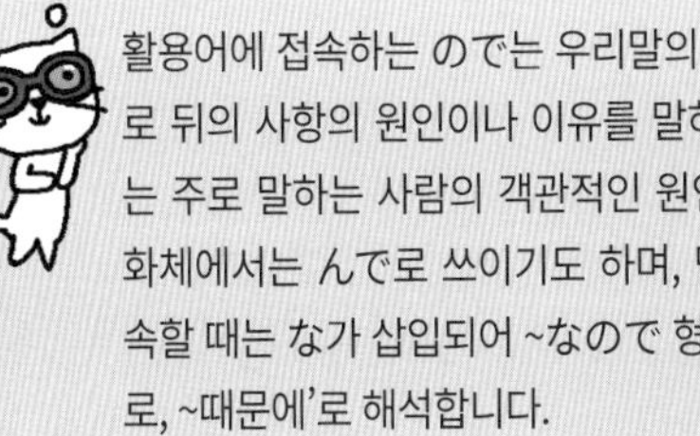

활용어에 접속하는 ので는 우리말의 '~이므로, ~때문에' 등의 뜻으로 뒤의 사항의 원인이나 이유를 말하며, 접속조사로 쓰이는 ので는 주로 말하는 사람의 객관적인 원인이나 이유를 나타냅니다. 회화체에서는 んで로 쓰이기도 하며, 명사나 형용동사에 ので가 접속할 때는 な가 삽입되어 ~なので 형태를 취합니다. 이때는 '~이므로, ~때문에'로 해석합니다.

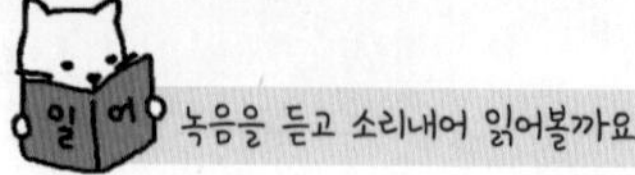

아침부터 비가 와서 가지 않습니다.

朝(あさ)から雨(あめ)なので、出(で)かけません。

아사까라 아메나노데, 데까께마셍

맛있는 빵집이기 때문에 잘 팔립니다.

おいしいパン屋(や)さんなので、よく売(う)れます。

오이시- 팡야산나노데, 요꾸 우레마스

교통이 불편해서 택시로 갑니다.

交通(こうつう)が不便(ふべん)なので、タクシーで行(い)きます。

고-쓰-가 후벤나노데, 타쿠시-데 이끼마스

피곤해서 집에 가서 쉬겠습니다.

疲(つか)れましたので、家(いえ)に帰(かえ)って休(やす)みます。

쓰까레마시따노데, 이에니 가엣떼 야스미마스

이 케이크는 맛있어서 인기가 있습니다.

このケーキはおいしいので、人気(にんき)があります。

고노 케-키와 오이시-노데, 닝끼가 아리마스

요즘 더워서 몸이 안 좋습니다.

最近(さいきん)、暑(あつ)いですので、体(からだ)の具合(ぐあい)がよくありません。

사이낑, 아쯔이데스노데, 가라다노 구아이가 요꾸 아리마셍

17 대화 다시듣기

A: 여기는 집세도 싸군요. □ □ □

B: 네, 교통이 불편해서 조금 싼 편입니다.

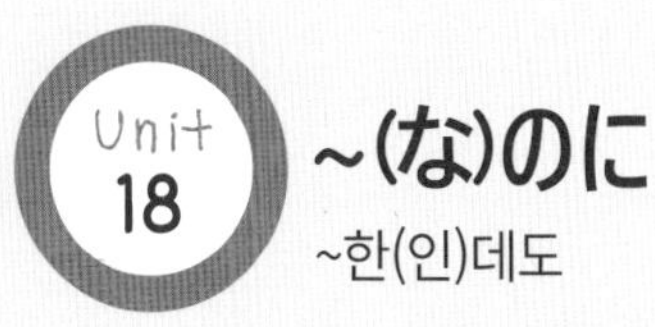

Unit 18 ~(な)のに

~한(인)데도

A: 木村さんは今日も会社へ行きましたか。

기무라상와 쿄-모 카이샤에 이끼마시다까

기무라 씨는 오늘도 회사에 갔습니까?

B: はい、まだ熱があるのに、会社へ行きました。

하이, 마다 네쯔가 아루노니, 카이샤에 이끼마시다

네, 아직 열이 있는데 회사에 갔습니다.

학습포인트!

활용어(동사, 형용사, 형용동사, 조동사)에 접속하는 조사 のに가 접속하면 '~한데(도)'의 뜻으로 예기치 못한 동작이나 작용의 결과에 대해서 의문의 기분이나 유감스런 기분을 나타냅니다. 명사나 형용동사에 のに가 접속할 때는 な가 삽입되어 ~なのに 형태를 취하며, 이때는 '~인데도, ~한데도'로 해석합니다.

学生なのに, 不便なのに, 飲んでいるのに

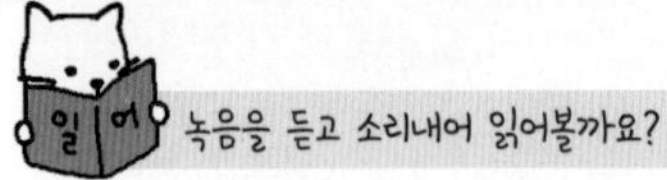

아직 학생인데 공부를 하지 않습니다.

まだ学生(がくせい)なのに、勉強(べんきょう)をしません。

마다 각세-나노니, 벵꾜-오 시마셍

나카무라 씨는 몸이 불편한데 왔습니다.

中村(なかむら)さんは体(からだ)が不便(ふべん)なのに来(き)ました。

나까무라상와 가라다가 후벤나노니 기마시다

아직 감기가 낫지 않았습니다. 푹 쉬었는데도요.

まだ風邪(かぜ)が治(なお)りません。ぐっすり休(やす)みましたのに。

마다 카제가 나오리마셍. 굿스리 야스미마시따노니

반년밖에 배우지 않았는데 영어를 말합니다.

半年(はんとし)しか習(なら)っていないのに英語(えいご)を話(はな)します。

한또시시까 나랏떼 이나이노니 에-고오 하나시마스

오늘은 더운데도 스웨터를 입고 있습니다.

今日(きょう)は暑(あつ)いのにセーターを着(き)ています。

쿄-와 아쯔이노니 세-타-오 기떼 이마스

하지만, 약을 먹고 있는데 괜찮을까요?

でも、薬(くすり)を飲(の)んでいるのに大丈夫(だいじょうぶ)でしょうか。

데모, 구스리오 논데 이루노니 다이죠-부데쇼-까

---

18 대화 다시듣기

A: 기무라 씨는 오늘도 회사에 갔습니까? □ □ □

B: 네, 아직 열이 있는데 회사에 갔습니다.

~(の)ために

~(을)를 위해서 / ~하기 위해서

A: すてきな背広(せびろ)ですね。

스떼끼나 세비로데스네

멋진 양복이군요.

B: 今日(きょう)のために特別(とくべつ)に注文(ちゅうもん)しました。

쿄-노 다메니 토꾸베쯔니 츄-몬시마시다

오늘을 위해 특별히 주문했습니다.

학습포인트!

ために는 명사나 활용어에 접속하여 목적, 원인이나 이유, 이익을 나타냅니다. ために가 명사에 접속할 때는 の를 매개로 ~のために의 형태로 쓰입니다. 또한 ~(の)ために는 に를 생략하고 쓰는 경우가 많습니다. 여기서처럼 ~(の)ために가 목적의 용법으로 쓰일 때는 우리말의 '~(을) 하기 위해서'라는 뜻을 나타냅니다.

今日のために(오늘을 위해), 遊ぶために(놀기 위해)

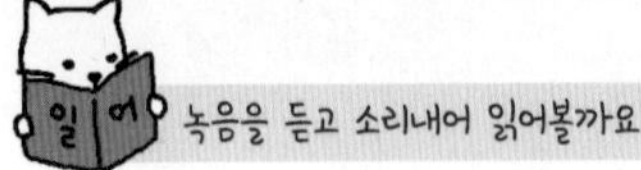

나는 가족을 위해 일하고 있습니다.

わたしは家族(かぞく)のために働(はたら)いています。

와따시와 카조꾸노 다메니 하따라이떼 이마스

건강을 위해 조금 운동하고 있습니다.

健康(けんこう)のために、少(すこ)し運動(うんどう)しています。

켕꼬-노 다메니, 스꼬시 운도-시떼 이마스

고양이를 위한 동물병원이 있습니다.

猫(ねこ)のための動物病院(どうぶつびょういん)があります。

네꼬노 다메노 도-부쯔뵤-잉가 아리마스

장래를 위해 저축하고 있습니다.

将来(しょうらい)のために、貯蓄(ちょちく)しています。

쇼-라이노 다메니, 쵸치꾸시떼 이마스

여기 사람들은 놀기 위해 아르바이트를 하고 있습니다.

ここの人(ひと)たちは遊(あそ)ぶためにアルバイトをしています。

고꼬노 히토타찌와 아소부다메니 아루바이토오 시떼 이마스

돈을 빌리기 위해 찾아왔습니다.

お金(かね)を借(か)りるために、訪(たず)ねてきました。

오까네오 가리루 다메니, 다즈네떼 기마시다

19 대화 다시듣기

A: 멋진 양복이군요.

B: 오늘을 위해 특별히 주문했습니다.

□ □ □

~(の)ために

~이기 때문에 / ~하기 때문에

A: あの店(みせ)は閉(し)まっていましたか。

아노 미세와 시맛떼 이마시다까

그 가게는 닫혀 있었습니까?

B: はい、旅行(りょこう)のため、あすまでお休(やす)みだそうです。

하이, 료꼬-노 다메, 아스마데 오야스미다 소-데스

네, 여행 때문에
내일까지 쉰다고 합니다.

학습포인트!

ために는 명사나 활용어에 접속하여 목적을 나타낼 뿐만 아니라 여기서처럼 원인이나 이유를 나타내는 용법으로 쓰일 때는 우리말의 '~(이기)하기 때문에'의 뜻을 나타냅니다. ために가 명사에 접속할 때는 の를 매개로 ~のために의 형태로 쓰이며, 형용동사에 접속할 때는 ~なために의 형태가 됩니다. 또한 ~(の)ために는 に를 생략하고 쓰는 경우가 많습니다.

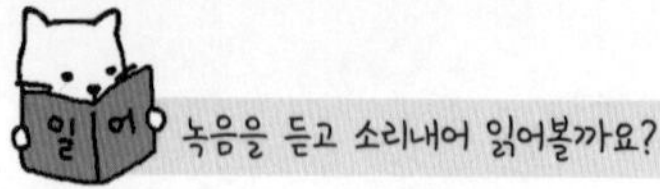

병 때문에 학교를 쉬었습니다.

病気(びょうき)のため学校(がっこう)を休(やす)みました。

뵤-끼노 다메 각꼬-오 야스미마시다

일 때문에 쉴 수가 없습니다.

仕事(しごと)のため、休(やす)むことができません。

시고또노 다메, 야스무 고또가 데끼마셍

버스가 늦게 와서 지각했습니다.

バスが遅(おく)れて来(く)るため遅刻(ちこく)しました。

바스가 오꾸레떼 구루다메 치코꾸시마시다

멀어서 아침 일찍 집을 나왔습니다.

遠(とお)いため朝早(あさはや)く家(いえ)を出(で)ました。

도-오이다메 아사하야꾸 이에오 데마시다

토마토를 싫어해서 토마토케첩도 먹지 않습니다.

トマトが嫌(きら)いなためトマトケチャップも食(た)べません。

토마토가 기라이나다메 토마토케찹푸모 다베마셍

소풍은 비 때문에 중지했습니다.

遠足(えんそく)は雨(あめ)のために中止(ちゅうし)しました。

엔소꾸와 아메노 다메니 츄-시시마시다

20 대화 다시듣기

A: 그 가게는 닫혀 있었습니까? □ □ □

B: 네, 여행 때문에 내일까지 쉰다고 합니다.

PART
06

내 손에서 만만하게 시작하는 포켓북 일본어 첫걸음!

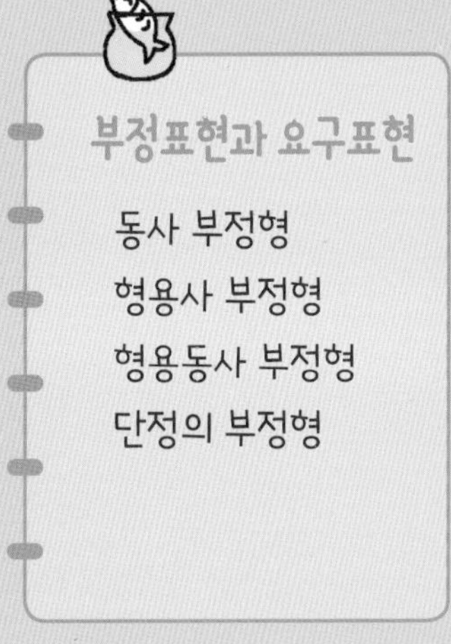
부정표현과 요구표현
동사 부정형
형용사 부정형
형용동사 부정형
단정의 부정형

▶ 1단동사, 변격동사 ~ない

1단동사의 부정형은 ます가 접속될 때와 마찬가지로 어미 る가 탈락되고 부정어 ない가 접속합니다. 변격동사 くる는 こない로, する는 しない로 각기 어간과 어미가 변합니다.

기본형	의 미	부정형	의 미
起(お)きる	일어나다	起きない	일어나지 않다
食(た)べる	먹다	食べない	먹지 않다
来(く)る	오다	こない	오지 않다
する	하다	しない	하지 않다

▶ 5단동사 ~ない

동사의 부정형은 ない가 접속된 형태를 말합니다. 이 때 ない는 '없다'는 뜻이 아니라 '~(하)지 않다'의 뜻으로 부정을 나타냅니다. 5단동사의 부정형은 어미 う단이 あ단으로 바뀌어 ない가 접속됩니다.

기본형	의 미	부정형	의 미
行(い)く	가다	行かない	가지 않다
泳(およ)ぐ	헤엄치다	泳がない	헤엄치지 않다
待(ま)つ	기다리다	待たない	기다리지 않다
乗(の)る	타다	乗らない	타지 않다

言(い)う	말하다	言わない	말하지 않다
読(よ)む	읽다	読まない	읽지 않다
飛(と)ぶ	날다	飛ばない	날지 않다
死(し)ぬ	죽다	死なない	죽지 않다
話(はな)す	이야기하다	話さない	이야기하지 않다

▶ 형용사 ~くない

형용사의 부정형은 ~くない입니다. 앞서 배운 정중한 부정 표현인 ~くありません과 동일하게 어미 い가 く로 바뀌어 부정어 ない가 접속합니다.

기본형	의 미	부정형	의 미
赤(あか)い	빨갛다	赤くない	빨갛지 않다
大(おお)きい	크다	大きくない	크지 않다
寒(さむ)い	춥다	寒くない	춥지 않다
遠(とお)い	멀다	遠くない	멀지 않다

▶ 형용동사 ~ではない

형용동사의 부정형은 ~ではない입니다. 구어체에서는 보통 ~じゃない로 말하며, 부정형에 です를 접속하면 ~では(じゃ)ありません과 동일한 의미가 됩니다.

기본형	의 미	부정형	의 미
静(しず)かだ	조용하다	静かではない	조용하지 않다
有名(ゆうめい)だ	유명하다	有名ではない	유명하지 않다
便利(べんり)だ	편리하다	便利ではない	편리하지 않다
好(す)きだ	좋아하다	好きではない	좋아하지 않다

▶ 명사 ~ではない

정중한 단정을 나타내는 です의 보통체인 だ의 부정형은 ~ではない입니다. 구어체에서는 보통 ~じゃない로 말하며, 부정형에 です를 접속하면 ~では(じゃ)ありません과 동일한 의미가 됩니다. 참고로 문어체에서는 だ보다는 である를 씁니다.

기본형	의 미	부정형	의 미
学生(がくせい)だ	학생이다	学生ではない	학생이 아니다
先生(せんせい)だ	선생이다	先生ではない	선생이 아니다
時計(とけい)だ	시계다	時計ではない	시계가 아니다
テレビだ	텔레비전이다	テレビではない	텔레비전이 아니다

(1단동사)~ない

~하지 않다

A: パン、食(た)べる?

팡, 다베루

빵, 먹을래?

B: いや、食(た)べないよ。

이야, 다베나이요

아니, 안 먹을래.

학습포인트!

1단동사의 부정형은 앞서 배운 ます가 접속될 때와 마찬가지로 어미 る가 탈락되어 부정어 ない가 접속됩니다. ない는 본래 '없다'라는 뜻의 형용사이지만, 이처럼 다른 말에 접속되어 쓰일 때는 '아니다'라는 뜻으로 부정을 나타냅니다. 부정의 뜻을 나타내는 ~ない는 ~ません으로 정중한 부정의 뜻을 나타냅니다.

見る → 見ない, 寝る → 寝ない

녹음을 듣고 소리내어 읽어볼까요?

요시무라 씨는 양복을 입지 않는다.

吉村(よしむら)さんは背広(せびろ)を着(き)ない。

요시무라상와 세비로오 기나이

창문은 안 닫았니?

窓(まど)は閉(し)めなかったの?

마도와 시메나깟따노

뉴스를 보지 않는 날도 있습니다.

ニュースを見(み)ない日(ひ)もあります。

뉴-스오 미나이 히모 아리마스

외국인에게 일본어를 가르치지 않습니다.

外国人(がいこくじん)に日本語(にほんご)を教(おし)えないです。

가이고꾸진니 니홍고오 오시에나이데스

맛없으니까 안 먹을래.

まずいから食(た)べないよ。

마즈이까라 다베나이요

그녀는 아파트에 없었어.

彼女(かのじょ)はアパートにいなかったよ。

카노죠와 아파-토니 이나깟따요

01 대화 다시듣기

A: 빵, 먹을래? □ □ □

B: 아니, 안 먹을래.

(5단동사)~か·が·わ·さ·た·らない

~하지 않다

A: あす、どこかへ行く?

아스, 도꼬까에 이꾸

내일 어딘가에 가니?

B: ううん、どこへも行かないよ。

우웅, 도꼬에모 이까나이요

아니, 아무 데도 안 가.

학습포인트!

어미가 く ぐ う す つ る인 5단동사의 부정형은 あ단(か が わ さ た ら)으로 바뀌어 부정을 나타내는 ない가 접속합니다. 단, 어미가 う인 경우는 ~あない가 아니라 ~わない로 활용합니다.

行く(가다) → 行かない, 泳ぐ(헤엄치다) → 泳がない

言う(말하다) → 言わない, 話す(이야기하다) → 話さない

待つ(기다리다) → 待たない, 乗る(타다) → 乗らない

일어 녹음을 듣고 소리내어 읽어볼까요?

오늘은 회사에 가지 않는다.

今日(きょう)は会社(かいしゃ)へ行(い)かない。

쿄-와 카이샤에 이까나이

그녀는 풀장에서 헤엄치지 않는다.

彼女(かのじょ)はプールで泳(およ)がない。

카노죠와 푸-루데 오요가나이

이 가게에서는 아무 것도 사지 않았다.

この店(みせ)では何(なに)も買(か)わなかった。

고노 미세데와 나니모 가와나깟따

왜 리포트를 내지 않니?

どうしてレポートを出(だ)さないの。

도-시떼 레포-토오 다사나이노

그는 아무도 기다리지 않습니다.

彼(かれ)は誰(だれ)も待(ま)たないです。

카레와 다레모 마따나이데스

비가 전혀 내리지 않았습니다.

雨(あめ)が全然(ぜんぜん)降(ふ)らなかったです。

아메가 젠젱 후라나깟따데스

02 대화 다시듣기

A: 내일 어딘가에 가니?

B: 아니, 아무 데도 안 가.

□ □ □

(5단동사)~な・ば・まない

~하지 않다

A: ここで遊(あそ)ぶ?

고꼬데 아소부

여기서 놀래?

B: ううん、遊(あそ)ばないわよ。

우웅, 아소바나이와요

아니, 안 놀래.

학습포인트!

동사의 어미가 む ぶ ぬ로 끝나는 5단동사의 부정형도 각각 あ단인 ま ば な로 바뀌어 부정어 ない가 접속합니다. 부정어 ない는 형용사와 동일하게 활용하며, 동사의 부정형에 です를 접속하면 정중한 부정을 나타내는 ~ません과 같은 의미가 됩니다. 또한 동사의 부정형은 형용사의 연체형과 마찬가지로 ~ない 상태로 뒤의 체언을 수식합니다.

읽어 녹음을 듣고 소리내어 읽어볼까요?

죽지 않는 생물은 없습니다.

死(し)なない生(い)き物(もの)はありません。

시나나이 이끼모노와 아리마셍

하늘을 날지 않는 새도 있습니다.

空(そら)を飛(と)ばない鳥(とり)もいます。

소라오 도바나이 도리모 이마스

술은 마시지 않겠습니다.

お酒(さけ)を飲(の)まないです。

오사께오 노마나이데스

나는 집에서 아무 것도 하지 않는다.

僕(ぼく)はうちで何(なに)もしない。

보꾸와 우찌데 나니모 시나이

요시무라 씨는 학교에 오지 않나요?

吉村(よしむら)さんは学校(がっこう)へ来(こ)ないんですか。

요시무라상와 각꼬-에 고나인데스까

그는 오늘도 집에 가지 않는다.

彼(かれ)は今日(きょう)も家(いえ)に帰(かえ)らない。

카레와 쿄-모 이에니 가에라나이

03 대화 다시듣기

A: 여기서 놀래? □ □ □

B: 아니, 안 놀래.

(형용사)~くない

~하지 않다

A: あの漫画(まんが)、面白(おもしろ)い?

아노 망가, 오모시로이

그 만화 재미있니?

B: ううん、あんまり面白(おもしろ)くないよ。

우웅, 암마리 오모시로꾸 나이요

아니, 별로 재미 없어.

학습포인트!

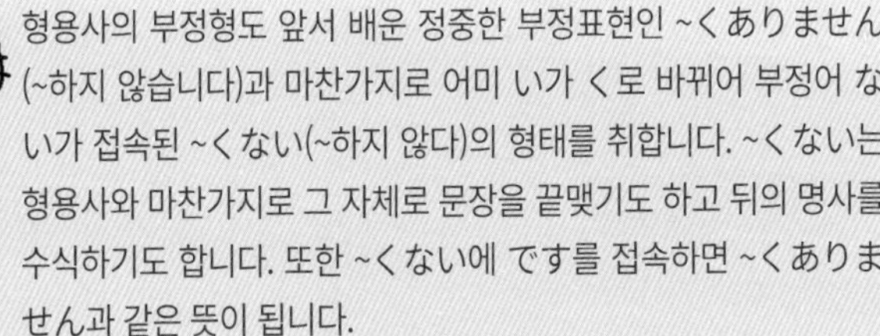

형용사의 부정형도 앞서 배운 정중한 부정표현인 ~くありません(~하지 않습니다)과 마찬가지로 어미 い가 く로 바뀌어 부정어 ない가 접속된 ~くない(~하지 않다)의 형태를 취합니다. ~くない는 형용사와 마찬가지로 그 자체로 문장을 끝맺기도 하고 뒤의 명사를 수식하기도 합니다. 또한 ~くない에 です를 접속하면 ~くありません과 같은 뜻이 됩니다.

일어 녹음을 듣고 소리내어 읽어볼까요?

이 디카는 비싸지 않아.

このデジカメは高(たか)くないよ。

고노 데지카메와 다카꾸 나이요

집에서 역까지는 별로 멀지 않다.

家(いえ)から駅(えき)まではあまり遠(とお)くない。

이에까라 에끼마데와 아마리 도-꾸나이

여기 겨울은 별로 춥지 않습니다.

ここの冬(ふゆ)はあまり寒(さむ)くないです。

고꼬노 후유와 아마리 사무꾸 나이데스

싸지 않은 물건은 사지 않는다.

安(やす)くない品物(しなもの)は買(か)わない。

야스꾸 나이 시나모노와 가와나이

올 겨울은 별로 춥지 않았다.

今年(ことし)の冬(ふゆ)はあんまり寒(さむ)くなかった。

고또시노 후유와 암마리 사무꾸 나깟따

영어 문제는 어렵지 않았습니다.

英語(えいご)の問題(もんだい)は難(むずか)しくなかったです。

에-고노 몬다이와 무즈까시꾸 나깟따데스

A: 그 만화 재미있니? □ □ □

B: 아니, 별로 재미없어.

(명사・형용동사)~ではない

~하지 않다

A: この洋服(ようふく)はどう?

고노 요-후꾸와 도-

이 옷은 어때?

B: いいね、でもちょっと派手(はで)じゃない?

이-네, 데모 촛또 하데쟈 나이

좋아, 근데 좀 화려하지 않니?

형용동사나 명사의 부정형도 앞서 배운 정중한 부정표현인 ~ではありません과 마찬가지로 부정어 ない가 접속될 때도 ~ではない의 형태를 취합니다. ~ではない는 그 자체로 문장을 끝맺기도 하고 뒤의 명사를 수식하기도 합니다. 또한 ~ではない에 です를 접속하면 ~ではありません과 같은 뜻이 되며, 마찬가지로 회화에서는 ~じゃない로 줄여서 쓰기도 합니다.

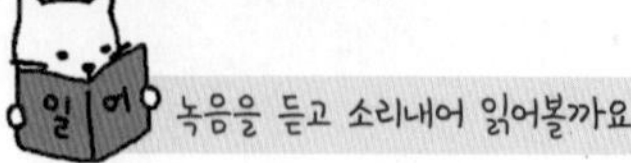

녹음을 듣고 소리내어 읽어볼까요?

저 사람은 일본인이 아니다.

あの人(ひと)は日本人(にほんじん)ではない。

아노 히또와 니혼진데와 나이

여기 교통은 편하지는 않다.

ここの交通(こうつう)は便利(べんり)じゃない。

고꼬노 고-쓰-와 벤리쟈 나이

저 가수는 그다지 유명하지 않습니다.

あの歌手(かしゅ)はあまり有名(ゆうめい)ではないです。

아노 카슈와 아마리 유-메-데와 나이데스

그는 깨끗하지 않는 아파트에 살고 있습니다.

彼(かれ)はきれいではないアパートで住(す)んでいます。

카레와 기레-데와 나이 아파-토데 슨데 이마스

그 호텔 사람은 친절하지 않았다.

あのホテルの人(ひと)は親切(しんせつ)ではなかった。

아노 호테루노 히또와 신세쯔데와 나깟따

야마다 씨는 소박하지 않았습니다.

山田(やまだ)さんは素朴(そぼく)じゃなかったです。

야마다상와 소보꾸쟈 나깟따데스

♪ 05 대화 다시듣기

A: 이 옷은 어때? □ □ □

B: 좋아, 근데 좀 화려하지 않니?

(동사)~ないで

~하지 않고(말고)

A: あしたの約束(やくそく)は何時(なんじ)なの?

아시따노 약소꾸와 난지나노

내일 약속은 몇 시지?

B: 午後(ごご)6時(じ)だよ。時間(じかん)に遅(おく)れないで。

고고 로꾸지다요. 지깐니 오꾸레나이데

오후 6시야. 시간에 늦지 말고.

학습포인트!

동사의 부정형에 で를 접속한 ないで는 우리말의 '~하지 않고, ~하지 말고'의 뜻으로 다른 동작이나 상태에 이어질 때에 주로 쓰이며, 문장체에서 ずに로도 쓰이고 있습니다. 또한 ないで는 문장 끝에 ください, ほしい 따위의 말이 와서 '~하지 말아요(마세요), ~하지 말아다오(주오)'의 뜻으로 완곡한 금지를 바라는 뜻을 나타내기도 합니다.

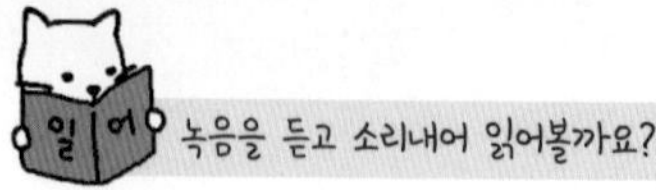

껍질을 벗기지 않고 사과를 먹습니다.

皮(かわ)をむかないでりんごを食(た)べます。

카와오 무까나이데 링고오 다베마스

그는 안전벨트를 하지 않고 차를 운전합니다.

彼(かれ)はシートベルトをしないで車(くるま)を運転(うんてん)します。

카레와 시-토베루토오 시나이데 구루마오 운뗀시마스

한눈도 팔지 않고 공부하고 있습니다.

脇目(わきめ)も振(ふ)らないで勉強(べんきょう)しています。

와끼메오 후라나이데 벵꾜-시떼 이마스

울지 말고 이유를 말해요.

泣(な)かないで、わけを話(はな)してよ。

나까나이데, 와께오 하나시떼요

내 옆에 오지 마요.

わたしの近(ちか)くに来(こ)ないでよ。

와따시노 치카꾸니 고나이데요

우산을 안 갖고 학교에 갔습니다.

傘(かさ)を持(も)たないで学校(がっこう)へ行(い)きました。

카사오 모따나이데 각꼬-에 이끼마시다

06 대화 다시듣기

A: 내일 약속은 몇 시지?

B: 오후 6시야. 시간에 늦지 말고.

(동사)~なくて

~하지 않아서

A: 命(いのち)まで取(と)られなくてよかったね。

이노찌마데 도라레나꾸떼 요깟따네

목숨마저 뺏기지 않아서 다행이야.

B: 不幸中(ふこうちゅう)の幸(さいわ)いだった。

후꼬-쮸-노 사이와이닷따

불행 중 다행이었어.

학습포인트!

동사의 부정형에 접속조사 て가 이어진 ~なくて의 형태는 앞서 배운 ~ないで와는 달리 '~하지 않아서'의 뜻으로 앞에 오는 사항이 뒤에 오는 사항의 이유나 원인을 나타낼 때 주로 쓰입니다. 본래 ない는 '없다'의 뜻을 가진 형용사로 무생의물의 존재를 나타내는 ある(있다)의 반대말입니다. 따라서 なくて의 형태로 단독으로 쓰이면 '없어서'의 뜻이 됩니다.

일어 녹음을 듣고 소리내어 읽어볼까요?

잘 자지 못해서 잠이 부족합니다.

よく眠(ねむ)れなくて、寝不足(ねぶそく)です。

요꾸 네무레나꾸떼, 네부소꾸데스

밥을 먹지 않아 곤란해하고 있습니다.

ご飯(はん)を食(た)べなくて、困(こま)っています。

고항오 다베나꾸떼, 고맛떼 이마스

전차가 붐비지 않아서 다행이었습니다.

電車(でんしゃ)が混(こ)まなくて、助(たす)かりました。

덴샤가 고마나꾸떼, 다스까리마시다

친구가 없어서 혼자서 있습니다.

友達(ともだち)がいなくて、一人(ひとり)でいます。

도모다찌가 이나꾸떼, 히또리데 이마스

물이 나오지 않아서 밥도 못 짓습니다.

水(みず)が出(で)なくて、ご飯(はん)も作(つく)れません。

미즈가 데나꾸떼, 고함모 쓰꾸레마셍

운동을 하지 않아서 몸이 나빠졌습니다.

運動(うんどう)をしなくて、体(からだ)が悪(わる)くなりました。

운도-오 시나꾸떼, 가라다가 와루꾸 나리마시다

07 대화 다시듣기

A: 목숨마저 뺏기지 않아서 다행이야. □ □ □

B: 불행 중 다행이었어.

학습일 

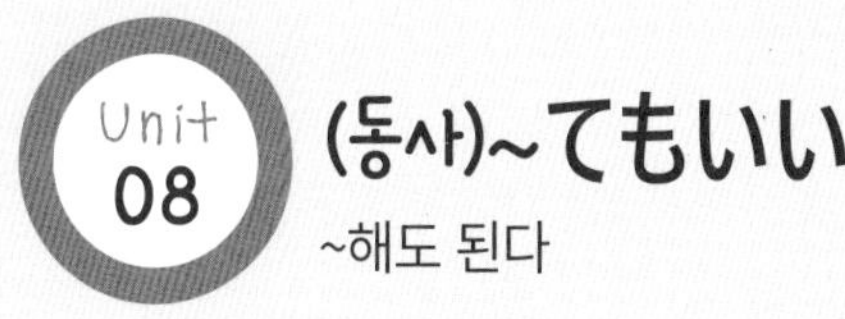

(동사)~てもいい

~해도 된다

A: 夜遅(よるおそ)く、電話(でんわ)してもいいですか。

요루오소꾸, 뎅와시떼모 이-데스까

밤늦게 전화해도 괜찮아요?

B: ええ、いつでもかまいません。

에-, 이쯔데모 가마이마셍

네, 언제라도 괜찮습니다.

동사나 형용사, 형용동사, 조동사에 접속조사 て(で)가 이어진 형태에 조사 も를 합친 て(で)も(~해도)에 '좋다'는 뜻을 가진 형용사 いい를 접속한 ~て(で)もいい의 형태는 우리말의 '~해도 좋다'는 허가나 허용을 나타냅니다. 명사에 접속하는 ~でもいい는 '~이라도 괜찮다'의 뜻이 되며, 이와 비슷한 표현으로 ~て(で)もかまわない(~해도 상관없다)가 있습니다.

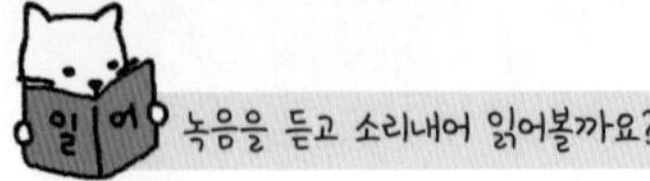

녹음을 듣고 소리내어 읽어볼까요?

사진을 찍어도 됩니까?

写真(しゃしん)を撮(と)ってもいいですか。

샤싱오 돗떼모 이-데스까

이 책을 빌려 읽어도 됩니까?

この本(ほん)を借(か)りて読(よ)んでもいいですか。

고노 홍오 가리떼 욘데모 이-데스까

점심을 먹어도 됩니까?

お昼(ひる)ごはんを食(た)べてもいいですか。

오히루고항오 다베떼모 이-데스까

조금 빨리 돌아가도 됩니까?

少(すこ)し早(はや)く帰(かえ)ってもいいですか。

스꼬시 하야꾸 가엣떼모 이-데스까

방에 들어가도 상관없다.

部屋(へや)に入(はい)ってもかまわない。

헤야니 하잇떼모 가마와나이

자유롭게 사용해도 괜찮아요.

自由(じゆう)に使(つか)ってもかまいませんよ。

지유-니 쓰깟떼모 가마이마셍요

08 대화 다시듣기

A: 밤늦게 전화해도 괜찮아요? □ □ □

B: 네, 언제라도 괜찮습니다.

(동사)~なくてもいい

~하지 않아도 된다

A: 結婚式(けっこんしき)には、着物(きもの)を着(き)ますか。

겍꼰시끼니와, 기모노오 기마스까

결혼식에는 기모노를 입습니까?

B: いいえ、着物(きもの)は着(き)なくてもいいです。

이-에, 기모노와 기나꾸떼모 이-데스

아니오, 기모노는 입지 않아도 됩니다.

학습포인트!

동사나 형용사 등 활용어의 부정형에 접속한 ~なくてもいい는 우리말의 '~하지 않아도 된다'는 뜻의 불필요의 표현을 만듭니다. 명사에 접속하여 단정을 나타내는 조동사 だ의 부정형인 ~で(は)ない에 ~で(は)なくてもいい는 '~이(가) 아니어도 된다'라는 뜻을 나타냅니다. 이와 비슷한 표현으로 ~なくてもかまわない(~하지 않아도 상관없다)가 있습니다.

읽어 녹음을 듣고 소리내어 읽어볼까요?

당신은 가지 않아도 됩니다.

あなたは行(い)かなくてもいいです。

아나따와 이까나꾸떼모 이-데스

앞으로 걱정하지 않아도 돼요.

これから心配(しんぱい)しなくてもいいですよ。

고레까라 심빠이시나꾸떼모 이-데스요

오늘은 요리를 하지 않아도 됩니다.

今日(きょう)は料理(りょうり)をしなくてもいいです。

쿄-와 료-리오 시나꾸떼모 이-데스

당신은 오지 않아도 상관없다.

あなたは来(こ)なくてもかまわない。

아나따와 고나꾸떼모 가마와나이

룸에 욕실은 딸려있지 않아도 괜찮습니다.

ルームにお風呂(ふろ)は付いていなくてもかまいません。

루-무니 오후로와 쓰이떼 이나꾸떼모 가마이마셍

현금으로 보내지 않아도 상관없습니다.

現金(げんきん)で送(おく)らなくてもかまいません。

겡낑데 오꾸라나꾸떼모 가마이마셍

09 대화 다시듣기

A: 결혼식에는 기모노를 입습니까? □□□

B: 아니오, 기모노는 입지 않아도 됩니다.

(동사)~てはいけない

~해서는 안된다

A: テレビをつけてもいいですか。

테레비오 쓰께떼모 이-데스까

텔레비전을 켜도 됩니까?

B: はい、でもボリュームを大(おお)きくしてはいけません。

하이, 데모 보류-무오 오-끼꾸시떼와 이께마셍

네, 하지만 볼륨을 크게 해서는 안 됩니다.

학습포인트!

동사의 て형에 いけない를 접속한 ~てはいけない는 '~해서는 안된다'라는 뜻으로 상대방의 어떤 행위를 강하게 금지하는 표현이 됩니다. 정중한 금지표현을 하고자 할 때는 ~ないでください(~하지 마세요)를 쓰는 것이 좋습니다. 또한 동사의 て형에 조사 なる(되다)의 부정형인 ならない가 접속한 ~てはならない는 ~てはいけない보다 객관적인 금지를 나타냅니다.

일어 녹음을 듣고 소리내어 읽어볼까요?

수업에 늦어서는 안 됩니다.

授業(じゅぎょう)に遅(おく)れてはいけません。

쥬교-니 오꾸레떼와 이께마셍

여기서 잡담을 해서는 안 된다.

ここでおしゃべりをしてはいけない。

고꼬데 오샤베리오 시떼와 이께나이

일을 게을리 해서는 안 됩니다.

仕事(しごと)を怠(なま)けてはいけませんよ。

시고또오 나마께떼와 이께마셍요

여기서는 사진을 찍어서는 안 됩니다.

ここでは写真(しゃしん)を撮(と)ってはいけません。

고꼬데와 샤싱오 돗떼와 이께마셍

사람은 거짓말을 해서는 안 된다.

人(ひと)はうそを言(い)ってはならない。

히또와 우소오 잇떼와 나라나이

아이를 괴롭혀서는 안 됩니다.

子供(こども)をいじめてはなりません。

고도모오 이지메떼와 나리마셍

10 대화 다시듣기

A: 텔레비전을 켜도 됩니까? □ □ □

B: 네, 하지만 볼륨을 크게 해서는 안 됩니다.

(동사)~なさい

~하거라

A: この料理(りょうり)はあまり食(た)べたくないよ。

고노 료-리와 아마리 다베따꾸나이요

이 요리는 별로 먹고 싶지 않아.

B: だめ、残(のこ)さないで全部(ぜんぶ)食(た)べなさい。

다메, 노꼬사나이데 젬부 다베나사이

안돼, 남기지 말고 전부 먹어라.

학습포인트!

なさい는 존경의 뜻을 가진 동사 なさる(하시다)의 명령형으로 쓰는 범위는 어린이나 친근한 손아랫사람에게 가벼운 명령을 하거나 요구를 할 때 쓰입니다. 또한 なさい는 동사에 ます가 접속하는 형태에 이어주면 됩니다. 좀더 정중하게 말할 때는 존경의 접두어 お를 접속한 お~なさい의 형태로 말합니다.

行く → 行きなさい, 食べる → 食べなさい, する → しなさい

일어 녹음을 듣고 소리내어 읽어볼까요?

더 쉬거라.

もっと休(やす)みなさい。

못또 야스미나사이

내일은 일찍 오거라.

あしたは早(はや)く来(き)なさい。

아시따와 하야꾸 기나사이

좀 더 확실히 공부해라.

もっとしっかり勉強(べんきょう)しなさい。

못또 식까리 벵꾜-시나사이

좀 더 큰 소리로 말해라.

もっと大(おお)きな声(こえ)で言(い)いなさい。

못또 오-끼나 고에데 이이나사이

자기 전에는 이를 닦아라.

寝(ね)る前(まえ)には歯(は)を磨(みが)きなさい。

네루 마에니와 하오 미가끼나사이

밥을 먹고 나서 약을 먹어라.

ご飯(はん)を食(た)べてから薬(くすり)を飲(の)みなさい。

고항오 다베떼까라 구스리오 노미나사이

11 대화 다시듣기

A: 이 요리는 별로 먹고 싶지 않아요. □□□

B: 안돼, 남기지 말고 전부 먹어라.

(동사)~てください

~해 주세요

A: お母(かあ)さん、部屋(へや)の掃除(そうじ)を手伝(てつだ)ってくださいよ。

오까-상, 헤야노 소-지오 데쓰닷떼 구다사이

어머니, 방 청소를 거들어 주세요.

B: 自分(じぶん)のことは自分(じぶん)でしなさい。

지분노 고또와 지분데 시나사이

네 일은 스스로 하거라.

학습포인트!

동사의 ます형에 なさい를 접속하면 가벼운 명령이나 요구를 나타내지만, 동사의 て형에 존경의 뜻을 가진 동사 くださる(주시다)의 명령형인 ください를 접속한 ~てください는 우리말의 '~해 주세요'의 뜻으로 의뢰나 요구, 지시, 명령 등을 나타냅니다. 반면 くれる(주다)의 명령형 くれ가 접속한 ~てくれ는 '~해 줘'의 뜻으로 강한 명령이나 요구를 나타냅니다.

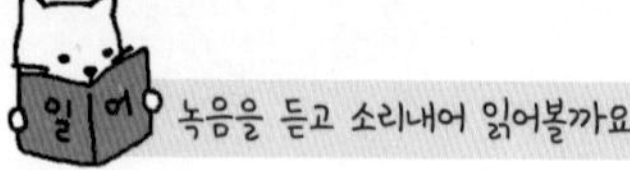

녹음을 듣고 소리내어 읽어볼까요?

여기에 주소를 적어 주세요.

ここに住所(じゅうしょ)を書(か)いてください。

고꼬니 쥬-쇼오 가이떼 구다사이

다시 한 번 말해 주세요.

もう一度(いちど)話(はな)してください。

모- 이찌도 하나시떼 구다사이

테이블도 치워 주세요.

テーブルも片付(かたづ)けてください。

테-부루모 카따즈케떼 구다사이

다리를 벌리고 서 주세요.

脚(あし)を開(ひら)いて立(た)ってください。

아시오 히라이떼 닷떼 구다사이

구급차를 불러 주세요.

救急車(きゅうきゅうしゃ)を呼(よ)んでください。

큐-뀨-샤오 욘데 구다사이

여러분, 조용히 해 주세요.

皆(みな)さん、静(しず)かにしてください。

미나상, 시즈까니 시떼 구다사이

12 대화 다시듣기

A: 어머니, 방 청소를 거들어 주세요. □□□

B: 네 일은 스스로 하거라.

학습일 

お~ください

~해 주십시오

A: お好(す)きなドレッシングをお選(えら)びください。

오스끼나 도레싱구오 오에라비 구다사이

좋아하시는 드레싱을 고르십시오.

B: そうですね。じゃあ、これをください。

소-데스네. 쟈-, 고레오 구다사이

글쎄요, 그럼, 이것을 주세요.

학습포인트!

앞서 배운 것처럼 상대방에 대한 권유나 의뢰를 나타낼 때는 보통 ~てください의 표현을 쓰지만, 손윗사람에게나 정중한 장면에서는 'お+동사의 ます형+ください'의 형태의 표현을 씁니다. 의뢰나 요구, 명령을 나타내는 표현을 정중 정도에 따라 지금까지 배운 것을 보면 ~てくれ → なさい → お~なさい → ~てください → お~くださ い로 분류할 수 있습니다.

일어 녹음을 듣고 소리내어 읽어볼까요?

이 약을 드십시오.

この薬(くすり)をお飲(の)みください。

고노 구스리오 오노미 구다사이

자, 안으로 들어가십시오.

どうぞ、中(なか)にお入(はい)りください。

도-조, 나까니 오하이리 구다사이

카드에 성함을 적으십시오.

カードにお名前(なまえ)をお書(か)きください。

카-도니 오나마에오 오카끼 구다사이

저희 집에 묵으십시오.

うちにお泊(と)まりください。

우찌니 오토마리 구다사이

10시까지 모여 주십시오.

10時(じ)までにお集(あつ)まりください。

쥬-지마데니 오아쯔마리 구다사이

집에서 푹 쉬십시오.

家(いえ)でぐっすりお休(やす)みください。

이에데 굿스리 오야스미 구다사이

13 대화 다시듣기

A: 좋아하시는 드레싱을 고르십시오. □ □ □

B: 글쎄요, 그럼, 이것을 주세요.

(동사)~ないでください

~하지 마세요

A: ここは撮影禁止(さつえいきんし)の区域(くいき)ですか。

고꼬와 사쯔에- 킨시노 쿠이끼데스까

여기는 촬영금지 구역입니까?

B: はい、ここでは写真(しゃしん)を撮(と)らないでください。

하이, 고꼬데와 샤싱오 도라나이데 구다사이

네, 여기에서는 사진을 찍지 마세요.

학습포인트!

동사의 부정형에 ~でください가 접속한 ~ないでください는 우리말의 '~하지 마세요'라는 뜻으로 부정의 의뢰나 요구, 주의, 지시, 금지를 나타냅니다. ~なくてください라고 하지 않도록 주의해야 합니다. 또한 ~ないでほしい(~하지 말길 바래), ~ないでくれ(하지 말아줘), ~ないでよ(~하지 마요), ~ないでね(~하지 말아)의 표현으로 가벼운 금지를 나타내기도 합니다.

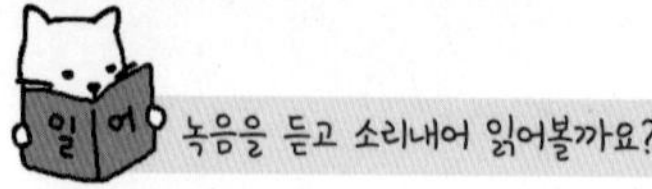

학교를 쉬지 마세요.

学校(がっこう)を休(やす)まないでください。

각꼬-오 야스마나이데 구다사이

창문을 닫지 마세요.

窓(まど)を閉(し)めないでください。

마도오 시메나이데 구다사이

이 안에 들어가지 마세요.

この中(なか)に入(はい)らないでください。

고노 나까니 하이라나이데 구다사이

아무에게도 말하지 마세요.

だれにも言(い)わないでください。

다레니모 이와나이데 구다사이

자리를 뜨지 마세요.

席(せき)を立(た)たないでください。

세끼오 다따나이데 구다사이

복도에서는 뛰지 마세요.

廊下(ろうか)では走(はし)らないでください。

로-까데와 하시라나이데 구다사이

14 대화 다시듣기

A: 여기는 촬영금지 구역입니까? □ □ □

B: 네, 여기에서는 사진을 찍지 마세요.

학습일 / 

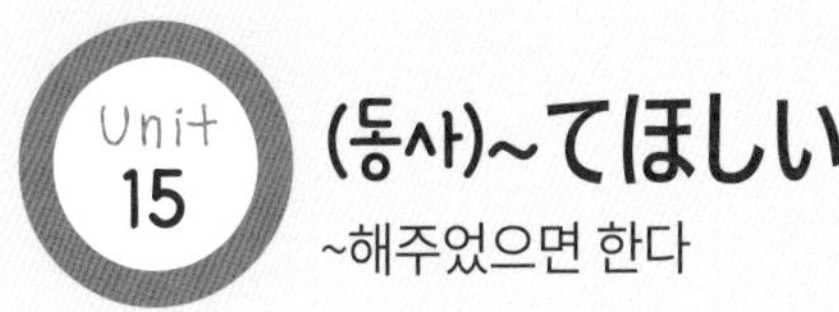

Unit 15 (동사)~てほしい

~해주었으면 한다

A: すみませんが、今日(きょう)ここに来(き)てほしいんですが。

스미마셍가, 쿄- 고꼬니 기떼 호시인데스까

미안하지만, 오늘 여기에 와 주었으면 합니다만.

B: 何(なん)のご用(よう)がありますか。

난노 고요-가 아리마스까

무슨 일이 있습니까?

학습포인트!

동사의 て형에 바람을 나타내는 ほしい를 접속한 ~てほしい의 형태는 우리말의 '~해 주었으면 한다'의 뜻으로 말하는 사람의 바람이나 희망, 욕구를 나타냅니다. ほしい는 형용사이므로 정중하게 말할 때는 です를 접속하여 ~てほしいです로 나타냅니다. 그러나 명사에 접속할 때는 ~がほしい의 형태로 '~을(를) 갖고 싶다'는 뜻이 되며 갖고 싶은 대상물에 조사 を를 쓰지 않습니다.

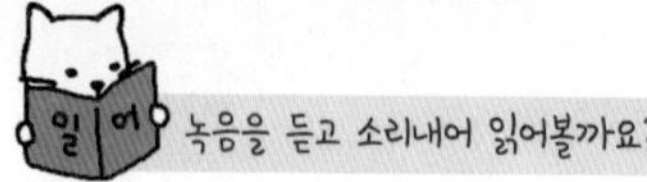

성실하게 일을 해주었으면 한다.

まじめに仕事(しごと)をしてほしい。

마지메니 시고또오 시떼 호시-

약속은 꼭 지켜주었으면 한다.

約束(やくそく)はしっかり守(まも)ってほしい。

약소꾸와 식까리 마못떼 호시-

봉급을 올려주었으면 합니다.

給料(きゅうりょう)を上(あ)げてほしいです。

큐-료-오 아게떼 호시-데스

이 기계의 사용법을 가르쳐 주었으면 합니다만.

この機械(きかい)の使(つか)い方(かた)を教(おし)えてほしいんですが。

고노 키까이노 쓰까이카따오 오시에떼 호시인데스가

언제나 건강하게 지냈으면 좋겠군요.

いつも健康(けんこう)でいてほしいですね。

이쯔모 켕꼬-데 이떼 호시-데스네

언제 우리 집에 놀러 왔으면 합니다.

いつか私(わたし)のうちへ遊(あそ)びに来(き)てほしいですね。

이쯔까 와따시노 우찌에 아소비니 기떼 호시-데스네

15 대화 다시듣기

A: 미안하지만, 오늘 여기에 와 주었으면 합니다만. □ □ □

B: 무슨 일이 있습니까?

~でしょう

~이(하)겠지요

말해볼까요?

A: あしたの試合(しあい)の切符(きっぷ)はあるんでしょうか。

아시따노 시아이노 깁뿌와 아룬데쇼-까

내일 시합 표는 있을까요?

B: さあ、あるかどうか電話(でんわ)してみます。

사-, 아루까 도-까 뎅와시떼 미마스

**글쎄, 있는지 없는지
전화해 보겠습니다.**

학습포인트!

~です의 추측형인 ~でしょう는 추측을 나타내기도 하고, 상대방에게 확인하거나, 자기가 말한 것에 대해 상대방의 동의를 구할 때도 쓰입니다. 종조사 か가 접속한 ~でしょうか는 '~할(일)까요?'의 뜻이 됩니다. 앞서 이미 배운 것처럼 조동사 です는 ~でした, ~ではありません, ~ではありませんでした ~で(も) 등으로 활용을 합니다.

일어 녹음을 듣고 소리내어 읽어볼까요?

그는 분명 훌륭한 의사가 될 것입니다.

彼(かれ)はきっといい医者(いしゃ)になるでしょう。

카레와 깃또 이- 이샤니 나루데쇼-

교실에는 아무도 없겠지요?

教室(きょうしつ)には誰(だれ)もいないでしょう。

쿄-시쯔니와 다레모 이나이데쇼-

한국요리는 더 매울 거예요.

韓国料理(かんこくりょうり)はもっと辛(から)いでしょう。

캉코꾸 료-리와 못또 카라이데쇼-

내일도 비가 올 거예요.

あしたも雨(あめ)でしょう。

아시따모 아메데쇼-

달님도 잘 보이겠지요.

お月様(つきさま)もよく見(み)えるでしょう。

오쓰끼사마모 요꾸 미에루데쇼-

내일도 더워질까요?

あしたも暑(あつ)くなるでしょうか。

아시따모 아쯔꾸나루데쇼-까

16 대화 다시듣기

A: 내일 시합 표는 있을까요? □ □ □

B: 글쎄, 있는지 없는지 전화해 보겠습니다.

부록

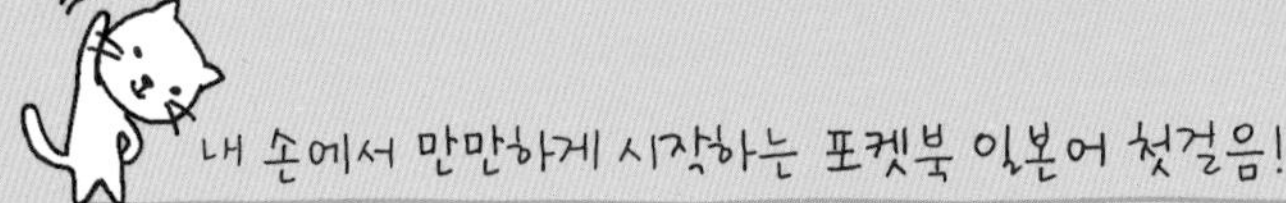
내 손에서 만만하게 시작하는 포켓북 일본어 첫걸음!

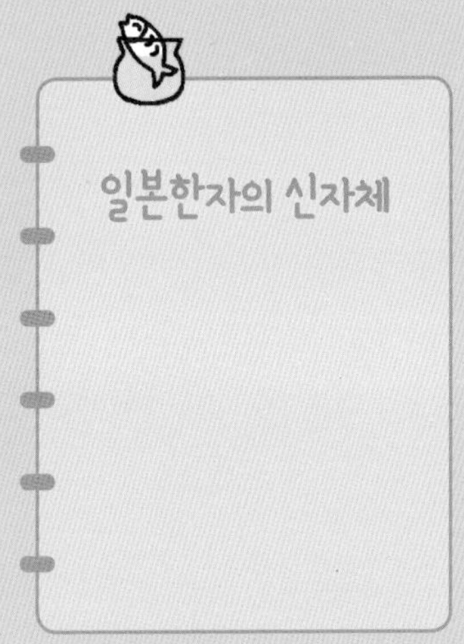
일본한자의 신자체

일본한자의 신자체

일본은 상용한자의 자체(**字体**)를 만들어 글자의 점이나 획의 복잡함을 정리하여 그 표준을 정하였습니다. 이것을 신자체(**新字体**)라고도 하며, 약 500여자가 약자화(**略字化**) 또는 변형화(**変形化**), 증자화(**増字化**)되었습니다. 따라서 일본어 한자 표기는 반드시 일본에서 제정한 일본식 신자체를 써야 하며, 우리가 쓰고 있는 정자체(**正字体**)를 쓰면 안 됩니다.

주요 신자체(新字体) 왼쪽이 정자 오른쪽이 신자체			
假 · 仮	單 · 単	辯 · 弁	專 · 専
覺 · 覚	斷 · 断	寶 · 宝	戰 · 戦
擧 · 挙	當 · 当	佛 · 仏	錢 · 銭
檢 · 検	黨 · 党	拂 · 払	轉 · 転
劍 · 剣	對 · 対	澁 · 渋	從 · 従
經 · 経	臺 · 台	續 · 続	晝 · 昼

주요 신자체(新字体) 왼쪽이 정자 오른쪽이 신자체

輕 ▪ 軽	圖 ▪ 図	實 ▪ 実	遲 ▪ 遅
繼 ▪ 続	燈 ▪ 灯	亞 ▪ 亜	參 ▪ 参
鷄 ▪ 鶏	藥 ▪ 薬	兒 ▪ 児	賤 ▪ 賎
關 ▪ 関	來 ▪ 来	嶽 ▪ 岳	鐵 ▪ 鉄
觀 ▪ 観	兩 ▪ 両	壓 ▪ 圧	廳 ▪ 庁
廣 ▪ 広	歷 ▪ 歴	樂 ▪ 楽	體 ▪ 体
敎 ▪ 教	戀 ▪ 恋	與 ▪ 与	總 ▪ 総
區 ▪ 区	禮 ▪ 礼	驛 ▪ 駅	醉 ▪ 酔

주요 신자체(新字体) 왼쪽이 정자 오른쪽이 신자체			
毆·殴	勞·労	榮·栄	齒·歯
國·国	綠·緑	藝·芸	寢·寝
勸·勧	龍·竜	譽·誉	學·学
氣·気	萬·万	醫·医	漢·漢
惱·悩	賣·売	雜·雑	歡·歓
腦·脳	發·発	將·将	劃·画